AF417473

Bernardo Ynzenga

HANNES MEYER
Proyecto, conceptos y trayectoria

Ynzenga Acha, Bernardo

Hannes Meyer : Proyecto, conceptos y trayectoria / Bernardo Ynzenga Acha. -
1a ed. - Ciudad Autónoma de Buenos Aires : Diseño, 2017.
150 p. ; 21 × 15 cm. - (Textos de arquitectura y diseño)

ISBN 978-987-4160-43-0

1. Historia de la Arquitectura. 2. Investigación. I. Título.
CDD 720.9

Textos de Arquitectura y Diseño

Director de la Colección: Marcelo Camerlo, Arquitecto

Diseño de Tapa: Liliana Foguelman

Diseño gráfico: Karina Di Pace

Hecho el depósito que marca la ley 11.723

I.S.B.N. 978-987-4160-43-0

Septiembre de 2017

Bernardo Ynzenga

HANNES MEYER
Proyecto, conceptos y trayectoria

HANNES MEYER
Proyecto, conceptos y trayectoria

ÍNDICE

INTRODUCCIÓN

Los editores de una revista académica que querían destinar un número
a la Bauhaus de Dessau con motivo de su próximo centenario me pro-
pusieron redactar un artículo relacionado con el tema. Acepté y sugerí
centrarlo en Hannes Meyer, que del 1 de abril de 1927 al 1 de agosto de
1930 había sido primero profesor y al año director de la Bauhaus. Pare-
cía un tema acotado, pero si se quería ver el fondo no lo era.

La actividad de Meyer en la Bauhaus comenzaba y terminaba con dos
interrogantes: ¿qué hubo en su trayectoria previa que justificase el que
Gropius le ofreciese el cargo?, ¿tras su cese como director y casi inmediata decisión de irse a trabajar a la Unión Soviética, qué efecto tuvo en
su trayectoria su breve período Bauhaus? Aquellos años eran solo un
segmento de una línea mayor y más compleja; y, artículo aparte, fue la
trayectoria en sí –entenderla, ordenarla y describirla– la que pasó a ser
el núcleo de un trabajo posterior que dio origen a este libro.

No fue una trayectoria fácil. Podría parecer discontinua e incluso
azarosa. Meyer vivió tiempos convulsos –dos guerras mundiales, una
revolución y una contrarrevolución. Los tiempos fijaron las etapas,
las circunstancias y los cambios de escenario; e incluso influyeron
en el guión. El azar probablemente jugó un papel, como en todo, pero
fueron sus convicciones teóricas, su convicción funcional racionalista y la solidez de su compromiso social y político los que impregnaron
continuidad en los aparentes quiebros de una trayectoria discontinua; una continuidad casi teatral en la que, pese estar divida en actos
con escenarios distintos y salidas por el foro, los personajes centrales son los mismos y el argumento es uno.

Meyer trabajó y se esforzó mucho, escribió y teorizó con ímpetu, pro-
yectó relativamente poco y construyó poco. Aunque el conocimiento
detallado de lo hecho en algunas de sus etapas –especialmente en la
URSS– esté aún pendiente, los datos objetivos disponibles están en
esa producción y en un apretado núcleo de testimonios y compilacio-
nes. Ellos nos dan las principales pistas.

A partir de ellas, este trabajo no pretende especular o teorizar sobre
cuales pudiesen haber sido los pensamientos o intenciones de Meyer
o sus posicionamientos íntimos político ideológicos o disciplinares.
Otros lo han hecho, algunos muy bien. Tampoco quiere ser un análisis

teórico-critico de su obra o sus escritos. Quiere centrarse en la evidencia y –a través de sus proyectos, escritos y comentarios– entender, trenzar, documentar y exponer frente al lector la narrativa de su quehacer; la trayectoria profesional y vital de quien dedicó sus mejores empeños a concebir y defender una arquitectura profesional veraz y colectiva, políticamente comprometida con su tiempo y sus circunstancias.

Lo demás queda en manos del lector.

HANNES MEYER

Hannes Meyer, suizo (Basilea, 1889 - Crossifisso, Lugano, 1954), el segundo director de la Bauhaus de Dessau, fue un arquitecto tenso con una trayectoria difícil, de fases y etapas nítidamente diferenciadas, bajo cuya –para muchos– aparente discontinuidad latieron su pulsión por la búsqueda de una profunda relación arquitectura sociedad, el rechazo por la arquitectura arte y la insistente persecución de una arquitectura y un urbanismo conseguidos desde la razón colectiva. Una búsqueda que le llevó a cambiar de lugar e incluso en apariencia de actitudes al hilo de las agitadas décadas de entreguerras, postguerra y revolución.

Coetáneo de grandes arquitectos que nacidos en la década 1880-1890 marcaron las vanguardia de la modernidad,[1] no siempre fue certero al escoger su sitio ni siempre llegó a tiempo; al contrario, para muchos llegó tarde, casi al acabar, a lo que habría que haber llegado antes: a la arquitectura del siglo XX, al constructivismo, a Dessau y la Bauhaus y a las esperanzas que había puesto en la Unión Soviética y en las realizaciones de la revolución mexicana.[2] E incluso llegó tarde a la historia reciente.

Al comienzo de su actividad profesional, para los observadores de entonces, hasta haber cumplido 30 años Meyer habría sido un representante, no el más destacado, de la Nueva Objetividad suiza. Pero en 1922, por revelación o descubrimiento, abrazó el constructivismo y con él otra manera de hacer y otros vínculos. Con ello, por su integración en el grupo y la revista *ABC*,[3] por sus proyectos para la Petersschule (Basilea, 1926) y la Sociedad de las Naciones (Ginebra, 1927) y por su escrito/manifiesto El Nuevo Mundo sobre los dictados de la arquitectura,[4] Meyer pasó a ser

---

[1] Arquitectos nacidos en la misma década que Hannes Meyer: Bruno Taut, 1880; Walter Gropius, 1883; Mies Van der Rohe, 1886; Ernst May, 1886; Le Corbusier, 1887; J.J.P. Oud, 1890.

[2] LIERNUR, J. F. (1988), pág. 25.
"La historiografía ha aceptado generalmente la idea de que, como en otras ocasiones, la llegada de Meyer a México se habría producido tarde, [...]. Tardía habría sido su incorporación al Bauhaus, luego de que la escuela realizara sus principales aportes al debate del arte moderno; tardío habría sido su ingreso en la URSS que veía batirse en retirada a las vanguardias artísticas bajo las presiones estalinistas; tardía la entrada a la última fase revolucionaria cardenista, de la revolución".

[3] Revista *ABC, Beiträge zum Bauen* (Contribuciones a la construcción). Zurich, serie 1, nums. 1 a 6. 1924-1926; serie 2, nums. 1 a 4, 1926-1928. Reproducida en: "*ABC-Beiträge zum Bauen 1924-1928. Complete reprint*".Technische Hogeschool. Delft. 1969.

[4] MEYER, H. (1926). *Die neue Welt* [El Nuevo Mundo]. En la revista *Das Werk*. Núm. 7. Zúrich. Julio 1926.

Hannes Meyer: como estudiante, 1913; en su estudio, 1920's; en la Bauhaus 1928-1930; en la URSS, 1930's; en México, 1939-1940's.

un arquitecto conocido que alcanzó presencia y renombre cuando Gropius le nombró, primero, responsable de la sección de Arquitectura de la Bauhaus y, luego, director, cargo que ocupó hasta su cese fulminante en 1930. Su casi inmediata marcha a la Unión Soviética reforzó su notoriedad y su imagen política e ideológica de izquierda marxista pero lo alejó de los focos europeos. Después, división de opiniones: aborrecido por unos como el causante del final de la Bauhaus y ensalzado por otros como icono de un quehacer profesional comprometido ideológicamente con el ideal de una arquitectura científica y cooperativa vinculada con su tiempo y sus circunstancias.[5]

Desde su ida a Rusia en 1930 y tras su vuelta de México en 1949 poco o casi nada se escribió sobre él o su obra. La crítica convencional mantuvo apenas el comentario de su estancia como docente y director en la Bauhaus, y mostró un relativo desdén por las obras que allí realizó, a las que –de mencionarlas– consideraba de segundo nivel y ajenas a la modernidad ortodoxa; e ignoró su etapa de exiliado voluntario.

No ayudó el que Dessau y la sede de la Bauhaus quedasen en una RDA que rechazaba cuanto tuviese que ver con la arquitectura de la modernidad,[6] ni tampoco la poca apreciación, por no decir rechazo,

[5] MEYER, H. (1926):
"La nueva arquitectura se basa en el propósito [la razón de ser]. Sus formas son el resultado de las demandas y las circunstancias; se convierten en expresión del propósito, la construcción, el material".

[6] ERNST, W. & SOHN, V. (1989). En su introducción:

que Europa sentía hacia cualquier cosa o causa que resonase a comunismo y aun más a comunismo soviético, ni que el propio Meyer no hiciese esfuerzo alguno en publicitarla; y, aunque en sus últimos años de vida y retirado en Suiza posiblemente estuviese pensando e incluso trabajando algo en ello, su mala salud se lo impidió.[7]

Hicieron falta diez años para que sus obras, proyectos y escritos comenzasen a ser expuestos con orden; casi diez más para que la crítica los analizase y valorase, y otros diez y que se atenuase el fragor de la confrontación crítica e ideológica para la primera gran exposición conjunta de su trabajo y la publicación completa de su obra suiza.[8] A partir de ahí y en los últimos años, un sin número de publicaciones recientes, tesis, artículos, ensayos, ponencias...

Al margen de ello, y pese a que no llegó a publicar una monografía de sus trabajos ni a elaborar un texto completo sobe sus teorías y tomas de posición, Meyer escribió numerosos artículos, guiones de conferencias, apuntes y una nutrida correspondencia reproducida en parte en tesis doctorales y otras publicaciones recientes; y pese a que construyó poco también dejó testimonio gráfico de sus proyectos. Además algunos de quienes colaboraron o estudiaron con él escribieron sobre sus experiencias. Existe pues material bastante para trazar, con distanciamiento crítico y con soporte directo en sus escritos y obras, un relato razonado de la que fue su trayectoria, estructurándola en cinco actos y un epílogo, precedidos por una voz en *off* que a modo de prólogo sitúa la acción y el personaje.

"En la RDA, Meyer encontró en los últimos años más atención, pero incluso desde la institución Bauhaus sólo ha sido re-evaluado positivamente en el sentido de 'apropiación del patrimonio'".

[7] SCHNAIDT, C. (1964):
"¿Por qué, se preguntará, el trabajo de Hannes Meyer ha sido mal entendido durante tanto tiempo? Hay varias razones. En primer lugar, el propio Meyer estaba tan enfrascado con sus tareas diarias como para molestarse con la preparación de un libro sobre sus trabajos. Es también probable que tal intención fuese ajena a su manera de pensar: estaba demasiado imbuido con la idea del trabajo colectivo como para hacer gala de su propia originalidad. Y si en los últimos años de su vida pensó en utilizar su inactividad forzosa para preparar un libro, la mala salud impidió que llevase a efecto este plan".

[8] Publicaciones: SCHNAIDT, C. (1965); DAL CO, F. (1972); ERNST, W. SOHN, V. (1989); KIEREN, M. (1990). Exposición: *Hannes Meyer 1889-1954. Architekt Urbanist Lehrer.* Bauhaus-Archiv and Deutsches Architekturmuseum Exhibition. Berlin 1989.

A MODO DE PRÓLOGO

Los comienzos cuentan o al menos, en cuanto que imprimen carácter, ayudan a entender.

FORMACIÓN Y VIAJES[1]

Meyer, hijo y sobrino de arquitectos constructores miembros a su vez de una familia que de antiguo practicaba ese oficio,[2] se hizo arquitecto al modo tradicional. Huérfano a edad temprana (a los nueve años), vivió en un orfanato y al filo de sus 15 años comenzó a trabajar. A partir de ese comienzo, durante cuatro años, de 1905 a 1909, fue autodidacta, aprendiz de obrero, cursó estudios de construcción en la Escuela Técnica de Basilea y trabajó como dibujante y ayudante en obra para una empresa de arquitectura-construcción.[3] Acto seguido, con 20 años, viajó a Berlín y durante dos años tomó distintos cursos en materias técnicas y artísticas relacionadas con el oficio de arquitecto y adquirió experiencia en oficinas de arquitectos.[4] Y luego a Inglaterra donde estudió las ciudades jardín y el movimiento cooperativo,[5] y algo de urbanismo en Bath. Durante esos años, y hasta su

[1] Salvo otra referencia expresa las fechas y datos biográficos de Hannes Meyer han sido obtenidos de sus notas autobiográficas en SCHNAIDT, C. (1965). Las citas de textos en otros idiomas han sido traducidas por el autor de este artículo.

[2] SCHNAIDT, C. (1965), pág. 9. En sus notas autobiográficas Meyer, hablando de sí mismo en tercera persona, hace hincapié en la tradición familiar de arquitectos constructores, llegando a enumerar (¿con orgullo?) obras en cuyo proyecto intervino su tío abuelo Merian: "Hijo del arquitecto y constructor Emil Meyer-Riser y descendiente de la familia Meyer-Merian, de descendencia protestante y en parte hugonote (Merian), que desde el siglo XVII habían practicado la profesión de arquitecto. El arquitecto Amadeus Merian de Basilea, que había estudiado en la Academia de Construcción Bruschal de Basilea, era tío-abuelo suyo". [...] Amigo íntimo del pintor Arnol.Böcklin, de Basilea..."

[3] Stamm Bross, constructores-arquitectos.

[4] Meyer menciona: cursos nocturnos de estética en la Escuela de Artes Aplicadas; estudios de economía y reforma agraria y construcciones agrarias en la Academia de Agricultura y de urbanismo en el Instituto de Tecnología; y aprendizaje en las oficinas profesionales de Adolf Fröhlich y Emil Schaudt en Berlín.

[5] Meyer visitó y estudió las ciudades jardín de Bourneville, Port Sunlight, Letcworth y Hamstead.

ingreso en el ejército en 1914, mantuvo su vinculación con movimientos suizos a favor de la reforma agraria y la acción cooperativa.[6]

El dibujo exacto desempeñó un papel clave y duradero en su aprendizaje:

> "Entre los 15 y los 18 años, [...] avanzada la noche y en los domingos copiaba ininterrumpidamente la obra de Violet le Duc sobre el castillo gótico de Pierrefonds. Dibujé además en unas cuarenta hojas, detalles de piedra de Notre Dame de París. [...] en Inglaterra analicé y reproduje a escala gran parte de la ciudad de Bath. [...] dibujé a horas libres todos los proyectos de Palladio..."[7]

Y fue una constante, casi una obsesión, en su trabajo posterior. En 1933, en pleno ejercicio profesional, al describir su manera de trabajar Meyer destinó gran parte del texto al dibujo preciso y mínimo:

> "Mis croquis preliminares consisten en innumerables análisis en forma de diagramas dibujados a la menor escala posible en un cuaderno estándar de papel milimetrado. [...] Prefiero presentar los planos de construcción del modo más conciso posible en pocas hojas de papel del menor tamaño práctico. [...] a escala 1:200 pero mostrando todos los detalles con la precisión que uno normalmente encuentra a escala 1:100."[8]

Los modos de aprender de Meyer y su obsesión con el detalle y la métrica exacta reflejan carácter e imprimen maneras: la inclinación por lo preciso y el detalle se trasmutó en exigencia para el ejerció profesional e impregnaría el código genético del proyecto e incluso el modo de organizar el entorno material del proyecto, que de "estudio" pasaría a ser "laboratorio".

Asimismo, la elección de qué estudiar y las experiencias asociadas a su etapa formativa reflejan otros rasgos y convicciones. El aprecio por el rigor de Violet le Duc y por la cantería bien trazada encontrarían eco en su posición respecto de los materiales y la verdad constructiva. Su interés por la contraposición campo ciudad en su versión

---

[6] Meyer fue miembro del Movimiento Alemán de Reforma Agraria, del Movimiento Suizo de Tierras Libres y del Movimiento Cooperativo Suizo.

[7] MEYER, H. (1933).

[8] MEYER, H. (1933).

británica, teñida de reformismo utópico de baja intensidad, estaría presente en sus primeros proyectos residenciales y, más adelante, en el modo de organizar las súper manzanas residenciales de sus ordenaciones urbanas. El interés inicial por la reforma agraria y la temprana incorporación al movimiento cooperativo anticiparían su militancia activa por el protagonismo colectivo igualitario, su evolución ideológica hacia posiciones de izquierda socialista y su posterior apoyo al comunismo soviético. Todo dejó huella.

PROYECTOS Y ANTECEDENTES

Tras el periplo formativo, Meyer comenzó su ejercicio profesional como arquitecto independiente en Suiza y como colaborador destacado de un gran estudio y posterior responsable de un departamento proyectos en Alemania: un prólogo de seis años, 1913-1919, de colaboraciones y proyectos de oficio o compartidos que acabó poco después del final de la Gran Guerra.

En 1913, Meyer se presentó como arquitecto independiente al concurso convocado para remodelar el área que iba a quedar vacante por el traslado a otro emplazamiento de la estación de trenes Baadisher Bahnhof, Basilea. El área a tratar, con forma aproximada de rectángulo alargado relativamente grande, unos 570 × 150 metros, estaba inserta y rompía el tejido de grandes manzanas urbanas situado a ambos lados e interrumpía su viario. Para conseguir continuidad transversal la propuesta de Meyer divide el ámbito en cuatro manzanas agrupando de a dos algunas de las colindantes; pero, en lugar de tratar cada una de esas manzanas como elementos separados, unifica el conjunto mediante un sistema longitudinal de ejes y espacios-plaza que lo recorre de extremo a extremo.

Sobre esa disposición en planta Meyer prevé y ordena una colección diversa de edificios de distinto carácter, uso y presencia cuya dispo-

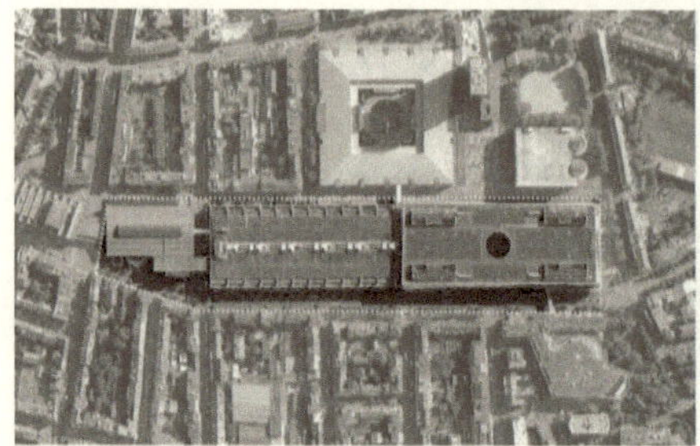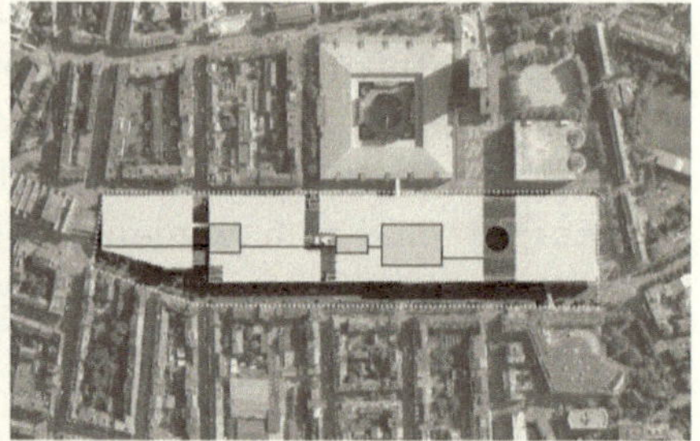

Área de remodelación Baadisher Bahnhof. Vista aérea del estado actual (2007). Diagrama del esquema de manzanas, ejes y espacios en la propuesta de Hannes Meyer de 1913.

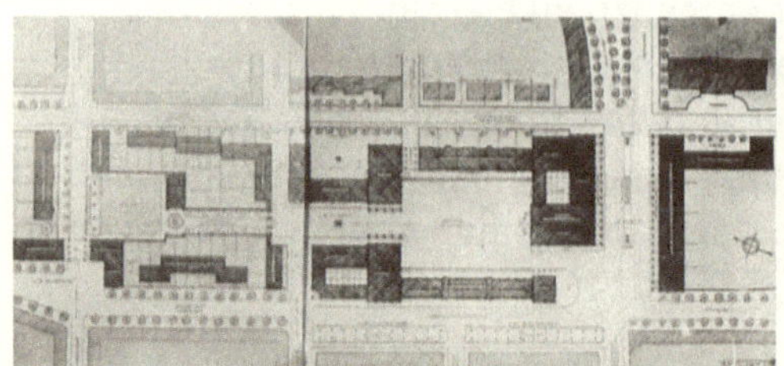

Hannes Meyer. Nuevo conjunto en el área de la Baadisher Bahnhof, Basilea, 1913. Planta. Maqueta en yeso.

sición refleja lecciones aprendidas y convicciones propias. La articulación del conjunto muestra una tensión subyacente entre el organicismo británico (en la mitad norte, a la izquierda de la imagen) y la "grand maniere" académica (en la gran plaza al sur), sujetas ambas a la disciplina de una geometría modular voluntaria que unifica dimensiones, sitúa y repite elementos y utiliza simetrías parciales para destacar las piezas y espacios de mayor rango y presencia.

El diseño de los edificios en sí, tal como expresa la maqueta, traduce la voluntad de simplificar y unificar rasgos formales clásicos, sin perder la identidad simbólica de los edificios públicos. Los edificios destacados se visten con fachadas articuladas por pilastras adosadas

Hannes Meyer, Baadisher Bahnhof, 1913, Detalle. Heinrich Tessenow, Festspielhaus Hellerau, 1910.

que las recorren en toda su altura, y son sustituidas por secuencias de arcos en los de menor rango. Todas las cubiertas se elevan, claramente visibles, con idéntica inclinación y material. Las mansardas, frontones curvos y demás elementos secundarios se repiten iguales de uno a otro edificio. El conjunto muestra una formalidad seca que despoja a la arquitectura del XIX de gran parte de su carga figurativa, pero sin renunciar a la iconografía y el significado simbólico de la monumentalidad cívica; un ejercicio en el que algunos ven la verosímil, aunque no tan despojada, influencia de Heinrich Tessenow en el Festspielhaus en el Hellerau siedlung, de 1910.[9]

Visto en retrospectiva, se está frente a un proyecto ecléctico y conservador que, pese a querer alinearse con tendencias del momento, aun mantiene referencias del XIX con mecanismos compositivos de índole palladiana (modulación, proporciones, fachadas) y una cierta aleatoriedad paisajístico-pintoresca. El proyecto de la Baadisher Bahnhof fue un teatral primer intento de unir en una propuesta y con tintes propios casi todo lo aprendido... y un poco más, como frecuentemente ocurre con el primer proyecto público e independiente de quien empieza.

[9] El dibujo de Meyer para la Iglesia Memorial Reina Luisa, Breslau 1911, más romántico-paisajístico, admitiría análogas comparaciones formales. Ver Figura 2 en: ERNST, W.; SOHN, V. (1989).

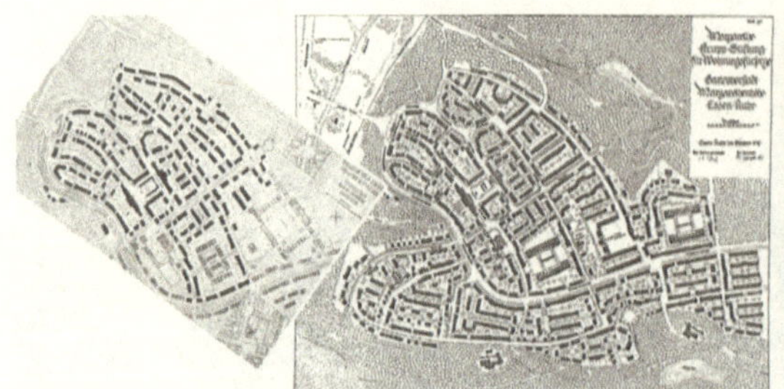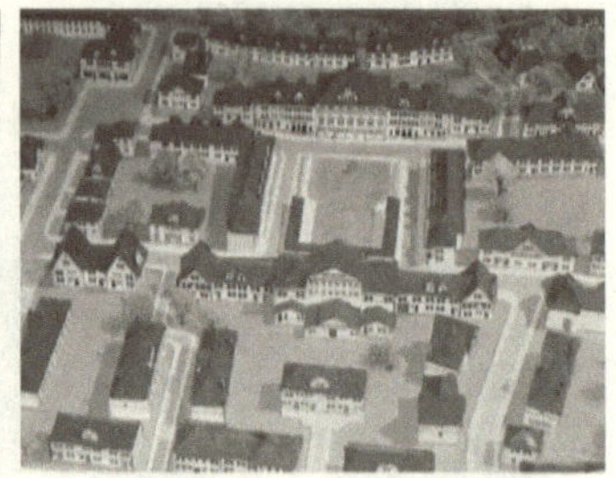

Georg Metzendorf (Hannes Meyer, colaborador) Margathenhöhe siedlung, 1916. Versión de un fragmento junto a otra versión de ordenación conjunta. Maqueta parcial.

Después de presentar este proyecto, en 1914, casi coincidiendo con el inicio de la Gran Guerra, Meyer prestó el servicio militar obligatorio suizo. Al acabarlo, en 1915, volvió a Alemania, en pleno conflicto mundial donde se incorporó como asistente colaborador al estudio del reputado arquitecto Georg Metzendorf en el que participó en el proyecto del Margathenhöhe siedlung en Essen.

Metzendorf había comenzado el proyecto cinco años antes por encargo la Fundación Margarethe von Ende Krupp, viuda del magnate del acero Friedrich Krupp. Consistía en el desarrollo de un barrio de viviendas o ciudad jardín en los alrededores de Essen. Presentaba una ordenación viaria de índole paisajística ceñida a la topografía, viviendas adosadas alineadas a calle y ordenaciones de índole monumental para los enclaves de espacios y edificios públicos: un modelo conceptual que reaparecerá con pocas variaciones en un proyecto posterior de Meyer, ya en Suiza.

Tras trabajar con Metzendorf durante aproximadamente un año, aún durante la Gran Guerra, Meyer se incorporó a la oficina de proyectos del gran conglomerado fabril de Krupp, también en Essen, en la que se ocupó en actividades de proyecto y organización de procesos de

construcción acelerada de complejos de alojamiento de trabajadores
y colonias de viviendas para empleados a una escala insólitamente
enorme: decenas de miles de unidades de alojamiento en apenas dos
años. Conforme él mismo narró muchos años después:

> "Tuvimos que establecer unos llamados 'menajes' (sic, alojamientos)
> para obreros, cada uno para 5.000 trabajadores, con alimentación com-
> pleta y dormitorios. [...] En 1918 terminamos uno gigantesco, para 27.000
> obreros [...] 54.000 comidas al día [...] En cambio, para los empleados
> superiores de Krupp tuve que proyectar colonias en el romántico estilo
> de los pueblos de Essen [...]. Había que hacer creer [...] que estaba liga-
> do a la casa Krupp; [...] De esta manera proyecté una colonia de 1.600
> viviendas [...] siendo yo mismo el 'empleado de construcción Meyer
> número 16284'."[10]

Fuese cual fuese el motivo de su participación, aquéllos trabajos fueron sin duda una experiencia profesional de gran escala e intensidad
pero no una experiencia intelectual o políticamente satisfactoria. En
la mencionada conferencia comentaba su capacidad de organización
para construir y producir alojamientos en serie y a tan gran escala;
pero, a la vez, expresaba su distanciamiento crítico hacia el estilo y
clase de arquitectura utilizada en las colonias y, también y ante todo,
su rechazo a los objetivos de la empresa y a las connotaciones políticas e ideológicas, alienantes en lo social y desmovilizadoras en lo
político.[11] Insatisfacción sería la palabra clave.[12]

[10] MEYER, H. (1935).

[11] MEYER, H. (1935).
"Nacen ciudades-jardín o colonias residenciales [...] como con Krupp en Essen, con la
segunda intención de reforzar la dependencia de los trabajadores y empleados del patrón
y desinteresarlos [...] en la lucha por su clase. [...] El trabajador era estandarizado, tipifi-
cado y explotado como número humano".

[12] SCHNAIDT. Claude. 1964:
"El paternalismo y la concepción pseudo romántica de esos esquemas de vivienda, cuya
intención era perpetuar el modo de vida pequeño burgués, dejaron a Meyer insatisfecho".

PRIMER ACTO:
TOUR DE FORCÉ TEMPRANO, FREIDORF, Y UN PUNTO Y APARTE, HÖRNLI

Poco antes de acabar la Gran Guerra, en 1918, Meyer retornó a suiza, y algo después se estableció como arquitecto privado en Basilea.

FREIDORF SIEDLUNG[1]

En paralelo a su experiencia y primeras prácticas profesionales Meyer mantuvo su interés por la teoría y la acción cooperativa, Co-op, convirtiéndose en convencido teórico y defensor. Esa afinidad y sus experiencias previas en colonias de viviendas fueron probablemente las razones por las que la Liga de las Cooperativas Suizas le dio su primera gran oportunidad profesional: el encargo por la Unión de Suiza de Cooperativas del proyecto y la responsabilidad de ejecutar un conjunto cooperativo de 150 viviendas al este de Basilea al   que Meyer denominó Freidorf: "free village", ciudad libre.

Superada la etapa de colaboraciones con arquitectos establecidos o en departamentos de proyectos, sin más presiones o condicionantes que las de su auto exigencia y con un planteamiento sin concesiones, Meyer llevó al extremo sus ideas e ideales sobre el cooperativismo democrático, el proyecto arquitectónico y la relación física y simbólica entre ambos. Su proyecto para el Freidorf siedlung, 1919-1921, fue casi literalmente demostración y afirmación. De hecho, en su texto-manifiesto "Die neue Welt (El Nuevo Mundo)", 1926, resonarán conceptos y ecos del Freidorf siedlung.

Pero no empezó así. En respuesta al encargo, Meyer presentó en mayo de 1919 un primer proyecto[2] con contenidos aun dubitativos,

[1] Siedlung (palabra alemana, literalmente "asentamiento"): actuación residencial urbana o peri urbana, generalmente de iniciativa pública o cooperativa, con ordenación unitaria y, en muchos casos, proyectos de vivienda de un mismo equipo o autor.

[2] ERNST, W. SOHN, V. (1989). Datan el proyecto previo en mayo de 1919, algunos meses antes del definitivo.
MEYER, H. (1921):
"El 13 de septiembre de 1919 el proyecto de Freidorf fue entregado a la Dirección Cantonal para su construcción y quince días más tarde fue aprobado. El 1 de octubre se inició la construcción de las barracas; [...] el 1 de diciembre las verdaderas obras."

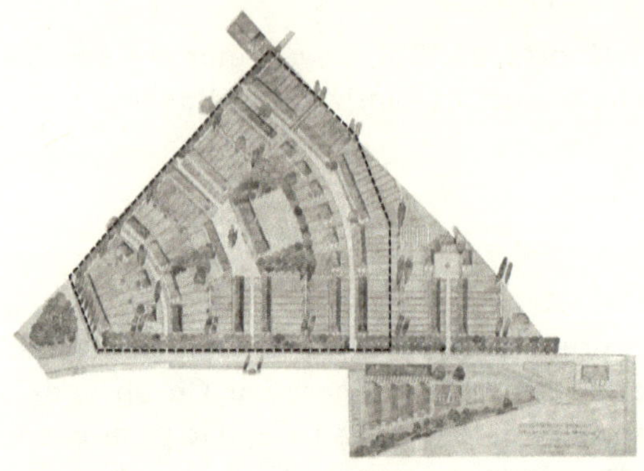

Hannes Meyer. Freidorf siedlung. Proyecto, mayo 1919. Margathenhöhe siedlung, 1915-1916, fragmento.

convencionales, poco convincentes, claramente influenciado por sus trabajos previos con ecos evidentes de las soluciones ensayadas con Metzendorf en el Margathenhöhe siedlung. A mitad de camino entre orden geométrico y paisajismo ciudad-jardín, esta primera propuesta de Meyer reduce la aleatoriedad topográfico-paisajística disciplinándola mediante un trazado en abanico radio concéntrico y simétrico de calles, cuyo centro sitúa en uno de los vértices del solar, alineando las viviendas a ambos lados forzándolas a orientarse conforme conviene al viario más que a su soleamiento.

Para resolver la discrepancia entre la forma triangular del solar y el segmento de círculo ocupado por el grueso de los edificios recurre a situar en uno de los extremos del terreno una pequeña agrupación en fondo de saco, también simétrica y jerarquizada, desligada del conjunto, autónoma y conceptualmente distinta. Presidiendo el conjunto de viviendas, el edificio de la Casa de Cooperativa, su plaza y los espacios públicos entorno ocupan una posición central, destacada y axial respecto al eje, reforzando el carácter jerárquico y simétrico del conjunto. La geometría del trazado prevalece y supedita la lógica de las viviendas. Y así, pese a que mantiene rasgos propios de la ciudad jardín, la monumentalidad y jerarquización de este primer proyecto Freidorf fue de hecho una propuesta ambigua: en un gesto

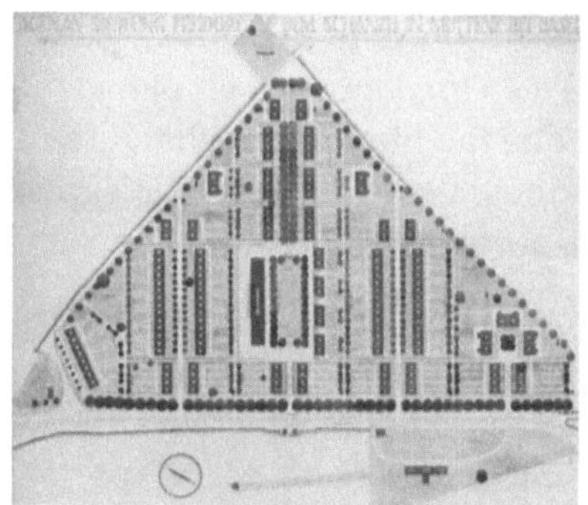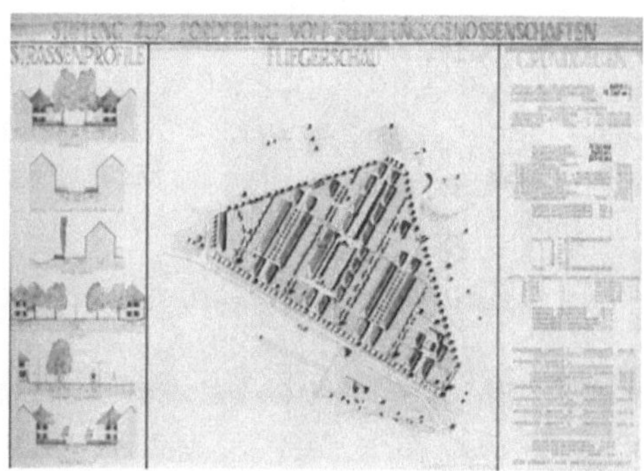

Hannes Meyer. Freidorf siedlung, diciembre 1919, proyecto definitivo.

poco acorde con el ideal de cooperativismo igualitario, desplazaba
la expresión del ideal comunitario a la imagen del conjunto, no a las
viviendas y a su disposición.

El proyecto definitivo fue más nítido, más Nueva Objetividad ("Neue
Sachlichkeit"). Meyer clarifica y cambia de registro. Amplía y extiende el concepto Cooperativo, Co-op, al todo y a todos sus aspectos e
imprime un giro radical –literal y arquitectónico– respecto del anterior: gira la orientación para vincularla directamente con la ciudad;
desaparecen las curvas, las anécdotas y las diferencias; aparecen lo
ortogonal y lo igual repetido; desaparece la auto referencia al lugar y
aparece la toma en consideración de lo que enlaza con el entorno.

Aprovechando mejor la forma triangular del terreno, Meyer adopta un
trazado rotundamente simétrico marcado por un eje viario que conec-
ta con la carretera que lleva a ciudad y sirve de columna vertebral de
la ordenación. Una pequeña plaza triangular marca la entrada u origen del este eje que, tras un ligero estrechamiento del espacio entre
fachadas, pasa a ser un paseo/salón de acceso –propiamente una
entrada- que se ensancha para desdoblarse en torno a un gran espacio
colectivo –un prado para los juegos- en uno de cuyos costados situará
la Casa de la Cooperativa. Esta secuencia axial recorre el conjunto de

vértice a base y marca la lógica de un sistema viario jerárquico formado por: calles principales paralelas al eje a cuyos lados se alinean las viviendas; calles transversales menores que facilitan los movimientos interiores; y, entremedias de las calles principales, senderos de servicio para el abono y cuidado del huerto trasero de cada vivienda.[3]

Pese al rigor, no es un sistema completo. Su lógica genera un soporte viario, una forma, que no llega a cubrir todo del terreno disponible; y el siedlung hereda del croquis previo dos anomalías que Meyer no debió considerar necesario enmendar, una en cada uno de los vértices del lado opuesto al de acceso. En el chaflán del vértice oeste permanece el edificio que daba origen al primer trazado, el único que no sigue la estricta alineación de los demás. Y en el vértice opuesto, como si sus residentes fuesen una comunidad menor dentro de la comunidad mayor, conserva casi sin variaciones la pequeña agrupación formal cuyas viviendas del fondo giran 90° respecto de la orientación general de las demás, erigiéndose en remate escénico de esta sub-composición.

Meyer no dudó en elogiar la eficacia, el rigor y la disciplina del trazado, y el contenido artístico que en su opinión aportaba su radical orden modular palladiano:

> "[El estudio de] Palladio me llevó a diseñar [Freidorf] sobre el sistema modular de un orden arquitectónico. [...] Todos los espacios exteriores (plazas, calles, jardines) y todos los espacios públicos interiores (escuela, restaurantes, tienda, salas de reuniones) se trazaron conforme a un patrón artístico que sería percibido como armonía espacial de proporción por quienes allí vivieran."[4]

En el proyecto formal de las viviendas mantuvo su interpretación ideológica, para él básica, de lo cooperativo equiparando democrático e

---

[3] MEYER, H. (1925):
"La estructura que sostiene a la comunidad se ha convertido en la columna del complejo: simplicidad, igualdad, sinceridad. Freidorf es una siedlung formada por casas alineadas. La calle y la carretera sobre la que se levantan las casas, los enlaces y los senderos para el abono forman una cuadrícula. La Jakobstrasse constituye la base de la red de los caminos internos y une la siedlung con la vecina ciudad".

[4] MEYER, H. (1933).

Hannes Meyer. Freidorf siedlung, 1922. Calle principal. Senderos de servicio. Sub composición de calle y plaza al este.

igual: lo del igual debe ser igual. Todas las viviendas dan a calle principal y se orientan igual, tienen jardín al frente y huerto atrás, y son formal y constructivamente iguales: "150 unidades habitables, para 150 familias, numeradas de 1 a 150, que se alinean democráticamente"[5] en los frentes de calles deliberadamente dejadas sin nombre.

En la construcción Meyer persiguió objetivos esencialmente éticos de veracidad y economía sin presión estética añadida y los tradujo en sistematización de todo elemento constructivo. Los edificios se despojan de ornato, confiando plenamente en la homogeneidad constructiva y en la sistematización de todos los elementos (puertas de entrada, equipamientos domésticos, peldaños, cubiertas, cornisas... bisagras, cerraduras...) al extremo de presumir de haber utilizado "una medida única para todas las láminas de vidrio de las 1.742 ventanas".[6] Las casas se funden bajo un mismo color rojo apagado cuya

[5] MEYER, H. (1925).

[6] MEYER, H. (1925):
"Las casas alineadas de toda la siedlung [...] Una construcción celular. Estandarizada, normalizada [...]. Con una medida única para todas las láminas de vidrio de las 1.742 ventanas y con un único tipo de paneles para todas las 150 puertas de entrada. Con un tipo de bañera estándar para las 150 casas de Freidorf; [...]. Con anchura y altura unificadas para todas las habitaciones; con los peldaños de las escaleras de una medida única; [...]. Con la vertiente del tejado unificada, con un único tipo de cornisa para el tejado; [...]. Con formas y medidas estándares para los timbres de las puertas, para las bisagras [...] y para los cerrojos de las ventanas...".

uniformidad expresaría "la íntima esencia de nuestra idea cooperativista".[7] Además de "por motivos de carácter económico y, casi siempre, en perjuicio del efecto estético",[8] la normalización de elementos y uniformidad formal también respondía al empeño de Meyer en reflejar en todo, como sustrato ético y político, los principios de simplicidad- igualdad-verdad que caracterizaban su ideal de cooperativismo democrático igualitario. En palabras de Meyer: "Todo está caracterizado por la Co-op. En Freidorf todo es Co-op",[9] de las personas cooperantes al periódico, de las viviendas a la biblioteca e incluso a los libros y el contenido de los libros".[10]

Sin embargo, los rasgos de modernidad que podrían intuirse en la sistematización constructiva y la radicalidad del modelo organizativo, no se trasladaron al diseño de las viviendas. Meyer, renunció a las nuevas técnicas constructivas y usó métodos tradicionales; y con análogo criterio tradicional-conservador definió el contenido de las viviendas[11] y el carácter de su arquitectura que, con un impulso similar al de la Nueva Objetividad, deseaba perdurable:

"El aspecto interior y exterior de los diferentes tipos de viviendas [se basa] en los principios de igualdad democrática y de decoro burgués; [y buscó] una imagen arquitectónica [...] con voluntad de crear, edificando, valores que permaneciesen inmutables incluso en un futuro lejano. [Con un] aspecto exterior simple, genuino y lineal como criterio de perfección arquitectónica."[12]

[7] MEYER, H. (1921).

[8] MEYER, H. (1921).

[9] MEYER, H. (1925).

[10] MEYER, H. (1921).

[11] MEYER, H. (1921). Meyer encuestó a los miembros de la cooperativa sobre sus preferencias sobre el programa y sobre la conveniencia o no de cocinas habitables y otros temas de índole funcional; pero las decisiones formales de ordenación y proyecto fueron fruto de su propia idea de cuáles deberían ser los deseos residenciales de una colectividad, un grupo humano, cooperativo.

[12] MEYER, H. (1921).

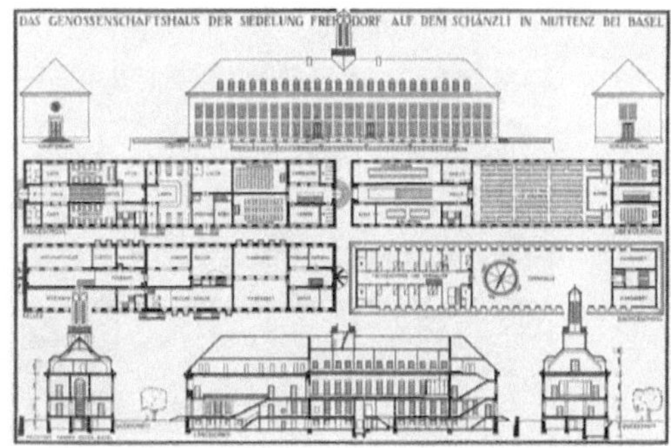

Meyer, Casa de la Cooperativa del
Freidorf siedlung, 1922-1924. Planos.
Fachada principal.

Sus criterios de uniformidad anónima ceden en parte al abordar el
diseño del principal edificio público de Freidorf, la Casa de la Cooperativa, en el que, sin salirse del guión de decoro y repetición de
iguales, recurrió a una imagen convencionalmente asociable a lo institucional, significándola jerárquica y ritualmente como templo laico
del cooperativismo: un volumen simple, silencioso, modulado, con
elementos homogéneamente repetitivos, que Meyer calificó de aristo-
crático en su simplicidad.[13]

Con los mismos conceptos constructivos y formales que inspiraron
el conjunto, la Casa de la Cooperativa acrecienta su presencia a base

[13] MEYER, H. (1925).

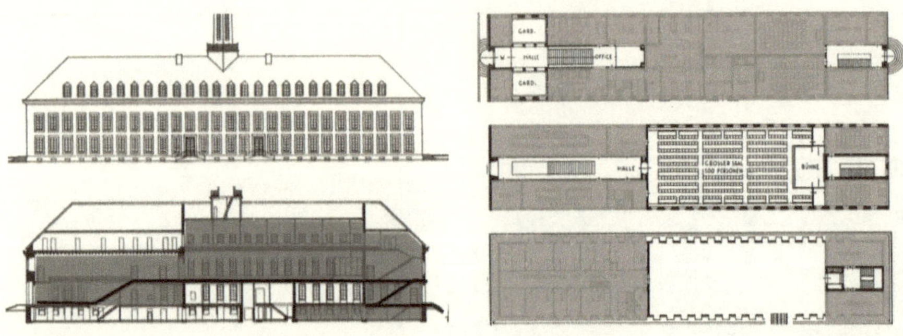

Hannes Meyer. Freidorf. Casa de la Cooperativa, 1924. Alzado, sección y secuencia de espacios interiores.

de incluir funcionalmente cuantos servicios y equipamientos cooperativos y contenidos públicos puede; y se destaca y distingue por su escala y visibilidad. Aunque no forma parte del eje compositivo del conjunto ni está en él (como ocurría en el primer proyecto), afirma su posición situando su larga fachada frente la plaza central, frente al espacio común de todos, ocupando por completo uno de sus lados con la misma orientación y el mismo criterio de alineación a calle que las viviendas. Vista desde la plaza la Casa de la Cooperativa es un edificio mudo e inaccesible pues los que parecen ser sus dos accesos principales son en realidad accesos secundarios mientras que los principales están en los testeros, ocultos por las aristas de la fachada.

Para diferenciarla aún más Meyer cambia el color de su fachada –de un rojo apagado a un rojo llameante– y erige en el centro de la arista superior de la cubierta, cual si fuese un campanario, un hito de llamada laica a la congregación de cooperantes:

> "Desde lo alto del tejado un jinete colocado de través, en equilibrio, saluda al territorio y las casas que están debajo [...] y cuando desde el vientre de cobre del jinete tocan las pequeñas campanas, en el corazón de Freidorf late la vida de sus habitantes."[14]

[14] MEYER, H. (1921).

Hannes Meyer. Freidorf. Casa de la Cooperativa, 1924.
Acceso y corredor en planta segunda.

El carácter público de la Casa de la Cooperativa se traduce en su interior en un más que simbólico juego de espacios públicos, intencionado e inapreciable desde fuera. Más que un juego es una secuencia fluida: un espacio de entrada compacto crece y se expande inmediatamente hacia los lados, asciende en doble altura a un anillo-corredor interior que se prolonga, enmarcado por opacas dependencias funcionales e iluminado solo en su extremo, para terminar en el enorme espacio del salón polivalente colectivo, donde se reúne la nueva comunidad de los cooperantes.[15]

En el proyecto de Freidorf Meyer busca traducir en realidad construida y llevar al límite sus convicciones. Y lo expresa mediante mecanismos tales como: rigor métrico modular; presencia despojada de

[15] MEYER, H. (1925).
"Sólo por las dimensiones dobles de sus diferentes partes, se puede reconocer que es un edificio público. Uno se siente pequeño cuando entra en el Templo de la Cooperativa. [...] es una sucesión de formas fundamentales del espacio; tiene una evolución en sentido horizontal-vertical: la extensión horizontal se transforma en vertical. El espacio tiende siempre a ensancharse".

Hannes Meyer. Colonia Balshthal, 1921. Fachadas frontal y trasera.

lo innecesario; construcción directa por elementos repetidos; supe-
ditación de la arquitectura a un ideario social igualitario; restricción
en lo privado y espacialidad y presencia en lo público; disolución de
lo individual en el seno de protocolos de convivencia colectiva... Pero
arquitectónicamente, pese al empeño en superar la retórica burgue-
sa, suprimir el servilismo formal y alcanzar "la verdad" del proyecto,
no cuestionó la continuidad de la tradición doméstica y formal local o
la simbología institucional propia de finales del XIX. Apuntó pero no
entró en los cambios que reclamaba la incipiente modernidad del XX.
Era aún un hombre de reforma más que de revolución.

La experiencia de Freidorf se prolongó con concursos y proyectos
menores para grupos cooperativos, de los que apenas se construyeron algunas viviendas. Con soluciones eficaces de corte tradicional,
reiteraban pero poco aportaban a la arquitectura de Meyer.[16]

[16] ERNST & SOHN. (1978). Los proyectos de viviendas de Meyer en su primera etapa
incluyeron: una pequeña colonia (de 40 viviendas construidas 8) para trabajadores de la
fábrica de papel y celulosa Balsthal, 1920; concurso para viviendas mínimas Basler, Basilea, 1921; viviendas mínimas, Wettbewerb, Basilea, 1922; viviendas modelo para empleados de la caja de ahorros de Basilea, en Lehenmattweg, 1922.

Hannes Meyer. Proyecto, concurso de columbario en Hörnli Basilea, 1922. Planta. Alzado del columbario al fondo.

COLUMBARIO EN HÖRNLI

En 1925, Meyer, que ya había cambiado de registros respecto de los que aplicó en Freidorf siedlung, volvió su mirada al resultado de aquél proyecto. Tras describirlo con nostalgia precisa y lírica, cuestionó su posible lectura como tutela del carácter y de las antiguas tradiciones suizas, planteó interrogantes sobre su uniformidad e introdujo ideas alternativas de asimetrías y composición por agregación de fragmentos.[17] Lo decía en 1925 pero ya había mucho de ello en el proyecto que presentó al concurso para el columbario del cementerio Hörnli, Basilea, en 1922, el mismo año en que terminó la sede de la cooperativa.

Meyer concursó con un proyecto singular, un ejercicio charnela, porque, aunque sus modos de composición y elementos figurativos,

[17] MEYER, H. (1925).
"Esto es Freidorf, producto de un tiempo incomprensible y de situaciones complicadas; absolutamente un compromiso. [...] un híbrido entre la vida individual y la social, [...] un compromiso entre la ciudad y el campo. Si cayesen las barreras entre familia y familia —mantenidas en vigor en el presente por respeto a la tradición- caería con ellas cualquier institución que perpetúa la división social; [...] caería el concepto de "vía", de "simetría" de "detalle". Se levantaría en forma asimétrica y accidentada un nuevo centro [...] casi como una máquina habitable, perfecta desde el punto de vista técnico y llena de verde [...]".

e incluso su grafismo, muestran similitud y cierta continuidad con proyectos anteriores, hay en él rasgos nítidamente distintos que anticipan mecanismos proyectuales aun por venir. Su columbario puede leerse como final simbólico de una etapa que se amó y que acaba, con coros de Razón y Revolución Ilustrada y con música de un Ledoux[18] que Meyer veía "liberador y revolucionario";[19] un paso previo a su despertar constructivista.

Al contrario que en Freidorf, el proyecto para Hörnli no es una composición unitaria sino un conjunto que enlaza dinámicamente tres partes estáticas distintas entre sí: una plataforma de acceso clásicamente formal; un gran espacio longitudinal rotundamente delimitado por una construcción perimetral curvilínea que enlaza orgánicamente semicírculos y contra curvas; y una colina escalonada, dominante, rematada por un elevado edificio cilíndrico.

No hay eje común que articule el conjunto. Las piezas se suceden yuxtapuestas, por tangencia, enlazadas por una trayectoria de diagonales y rampas. No lo unifica la geometría, lo unifican el material y el uso sistemático de un repertorio limitado de elementos: escalonamientos, curvaturas, arcos (semicirculares o rebajados de radio único), pares de cipreses-hito sobre el arbolado de fondo.

El cilindro elevado, de seis alturas, rematado por cubierta cónica, orlado en su base por una galería abierta con veinte columnas cilíndrica exentas, se erige al fondo como remate y destino de movimientos ascendentes: significante y significado de la función laica de custodia y recuerdo. Todo –formas, geometrías y lenguaje arquitectónico– está

[18] MEYER, H. (1942). Epílogo. Meyer tras elogiar la arquitectura y el compromiso político social de Ledoux, concluye:
"Transfiere conscientemente las pirámides a la nueva clase dominante, poniéndolas al servicio de la burguesía liberadora y revolucionaria. ¡Audaz acción!

[19] LIERNUR, J. F. (1988) Pág. 9. Al final de su trayectoria, en 1953, Hannes Meyer mencionó expresamente a Ledoux como parte de sus referencias base; citando a Meyer:
"En nuestro aislamiento usamos ampliamente el tiempo estudiando nuestro archivo de familia, donde las primeras ediciones de los ensayos de Winckelmann se mezclan con las arquitecturas del siglo XVII de Greens para Bath, con Palladio y Ledoux y con los grabados originales de Piranesi".

impregnado de una monumentalidad rotunda al servicio del más tradicional de los rituales en el más eterno de los lugares para la función más universal.[20]

Muy al final de su trayectoria Meyer seleccionó tan solo cuatro proyectos para resumir gráficamente su experiencia proyectual.[21] El cementerio de Hörnli era uno de ellos. ¿Por qué eligió éste proyecto –y no el de Freidorf o alguno de anteriores– para figurar en tan escueta selección? No se ha dicho... pero es posible intuir que por lo que tuvo de renuncia a un modo aprendido de hacer, de vuelta depurada a un lenguaje mudo con afán de abstracción, o de ensayo libre y apertura a nuevos modos de entender la libertad de aunar en un mismo proyecto componentes independientes concebidos, cada uno, desde su propia función o programa.

En este proyecto Meyer no ahondó en su cooperativismo. Al contrario que en Freidorf, en Hörnli nada es Co-op. Por el contrario fue, o así se puede ver, un proyecto individual: el ejercicio de un Meyer que liberado de compromisos con otros busca su forma de hacer, o, si así se prefiere, que homenajea creativamente, con un proyecto propio, a arquitecturas anteriores que admiró.

[20] ERNST & SOHN. (1978), pág. 53. Su contemporáneo, Hans Benno Bernoulli, arquitecto y urbanista suizo (Basilea, 1876-1959) vio en el proyecto de Meyer para el columbario de Hörnli la mirada hacia el atrás de la Ilustración, algo que iba más allá de *un mero alrededor de 1800*; y la enlazó con el presente como:
"una sorprendente estilización final del tema dado: necesidad y terreno; una arquitectura retrospectiva para contrarrestar con una convención formal el torbellino de nuestro días".

[21] La selección figuraba en el cuadro en el que, en 1953, le retrató Paul Camenish cuyos contenidos y significado se abordan más adelante en este texto.

SEGUNDO ACTO:
CONSTRUCTIVISMO
Y DOS PROYECTOS DECISIVOS

A comienzos de los años 20 Meyer ingresó en las vanguardias. Seguiría un período intelectualmente muy activo y diverso, que culminó con tres de sus trabajos más significativos: un escrito, "Die neue Welt", y dos proyectos presentados a concurso para la escuela femenina "Petersschule" en Basilea y, principalmente, para la sede de la Sociedad de las Naciones.

CONSTRUCTIVISMO: ABC BEITRÄGE ZUM BAUEN (CONTRIBUCIONES A LA CONSTRUCCIÓN)

El mismo año en que Meyer presentaba su proyecto de columbario, un entonces muy joven arquitecto holandés, Mart Stam (1899-1986), sincero y reconocido comunista diez años menor que Meyer, conoció e hizo amistad en Berlín con El Lissitzky, enviado a la Alemania de Weimar por el gobierno soviético como representante cultural, que defendía que el constructivismo debería ser un movimiento internacional. Stam se convirtió casi instantáneamente al constructivismo.

Meses después Mart Stam viaja a Holanda, donde comparte ideas con otros dos jóvenes arquitectos suizos, Hans Schmidt y Werner Moser, que por indicación de Kalrl Moser (su padre y el más progresista de los profesores del ETH, Escuela Politécnica Federal de Zúrich, habían decidido dejar Suiza para conocer e incorporarse a la nueva arquitectura europea de postguerra.[1] A partir de ahí, a finales de 1922 Schmidt y Moser regresaron a Suiza y establecieron un núcleo de arquitectos radicales de izquierdas al que se unieron Hannes Meyer y Hans Wittwer entre otros.

[1] INGBERMAN, S. (1994), pág 29.
"Como [Karl] Moser, era el miembro más progresista de la facultad de la FTH, atrajo seguidores de entre los miembros más radicales del cuerpo estudiantil. [...] Antes de 1920, este círculo incluía a su hijo Werner, Emil Roth, y Hanes Wittwer; después se unieron los jóvenes arquitectos Max Ernst, Karl Egender, y Rudolf Steiger. Todos ellos formarían el núcleo de ABC".

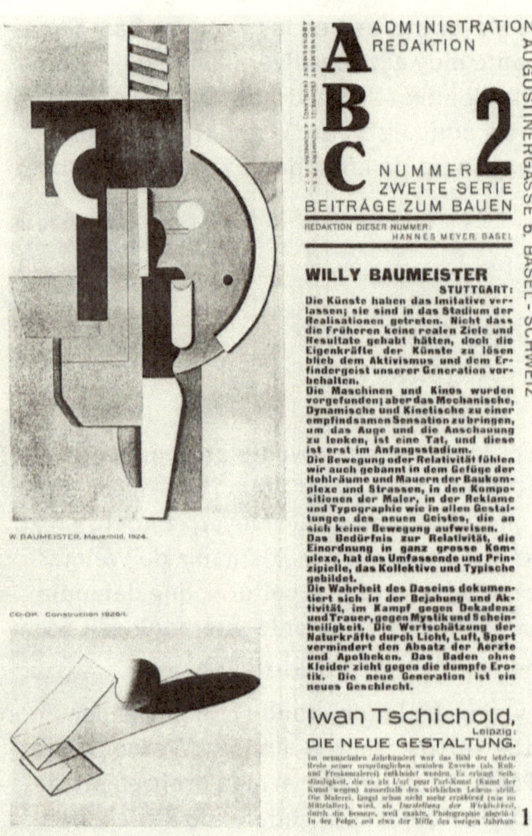

Primera página de la revista ABC, segunda etapa, núm. 2
sobre arte contemporáneo, 1926, coordinada por Hannes Meyer.

Al poco, por razones de salud El Lissitzky se traslada a Suiza y con
Stam y los ya mencionados forman el grupo ABC[2] y en 1924 comienzan
a publicar en Zúrich la revista del grupo: la *ABC-Beiträge zum Bauen*
(Contribuciones a la construcción) de tendencia constructivista y

[2] INGBERMAN, S. (1994), págs X a XII.

abiertamente de izquierdas cuya edición trasladan a Basilea en 1926. Además de El Lissitzky y Stam, se incorporan desde el inicio y participan en la redacción: Emil Roth, Hans Schmidt, Hans Wittwer (que colaboraría con Meyer en diversos proyectos y en la Bauhaus) y el propio Meyer.[3] Meyer coordino el número especial que en 1926 la revista dedicó al arte contemporáneo.[4]

Para Meyer su relación con **ABC** fue determinante, decisiva. Ante él se abría un nuevo mundo de formas en el que la construcción desempeñaba un papel clave; y se desplegaba una visión políticamente articulada del nexo arquitectura sociedad, basada en principios social-marxistas, que iba mucho más allá del reformismo cooperativista, social-utópico, pequeño burgués que había guiado su quehacer en Freidorf. Meyer abrazó esa revelación con el entusiasmo del converso, y aún más en tanto que (al margen de temas de su estilo arquitectónico previo que abandona de inmediato) las ideas y propósitos de **ABC** ahondaban y perfilaban pensamientos y actitudes que habían presidido su quehacer anterior. El universo creativo y las razones arquitectónicas e ideológicas del constructivismo encontraron en Meyer terreno fértil.

PABELLÓN DE SUIZA EN LA EXPOSICIÓN INTERNACIONAL DE COOPERATIVAS

Con el grupo **ABC**, y la interacción con personas como El Lissitzky, Stam, Hans Schmidt y otros, Meyer despertó al universo de formas y contenidos teóricos constructivistas, acentuó su perfil socialista y reforzó su relación con el movimiento cooperativo suizo desarrollando una serie de trabajos y actividades con las que exploró nuevas –para él– formas de expresión en y cerca de la arquitectura. Dio muestra de

[3] GUBLER, J. (1983).

[4] Hannes Meyer coordinó el número especial *ABC 2* (segunda etapa) –1925–, sobre arte contemporáneo con artículos y secciones de Willi Baumeister, Iwan Tschichold, Naum Gabo. El Lissitzky, Georges Vantongerloo, Piet Mondrian, László Moholy-Nagy.

Hannes Meyer. Pabellón de Suiza en la Exposición Internacional de Cooperativas, Gante. 1924.

ello en el proyecto del pabellón de Suiza en la Exposición Internacional de Cooperativas en Gante, 1924.

Lejos del decoro burgués, el pabellón era una abstracta caja de vidrio ocupada por formas autónomas construidas con productos cooperativos, que evocan cadenas de producción, mesas de montaje o apilamientos de almacenaje.[5] Este micro pabellón no quiere ser un simple escaparate de productos ni mostrar el despliegue de los productos en sí. Su valor significante va más allá. La caja y su contenido (treinta y seis artículos distintos) vienen a ser una instalación con significados propios:[6] demostración retórica de la capacidad de producción cooperativa; instrumento propagandístico de emancipación frente a la producción capitalista; propuesta de formas estandarizadas para una

[5] HAYS, K. M. (1995), pág. 35.
"En lugar de la disposición habitual de presentar separados en un escaparate productos distintos, los artículos Co-op se presentan cual si fuesen imagen o facsímil del proceso de fabricación mecánica en sí, configurando cada serie de productos como surgidos de las diversas cintas transportadoras de una cadena de montaje".

[6] HAYS, K. M. (1995), pág. 35:
"El escaparate Co-op, como representación, transforma significativamente tanto a la estructura formal inmanente del trabajo [lo mostrado] como la interacción estructurada de [su] imagen percibida con quien la mira".

Pantomima Co-op. 1924. Meyer, "Die Wohnung" (El Apartmento) 1924,

cultura colectiva; y afirmación en positivo del valor ético, ideológico, social e incluso estético (verdadero) de un modo de producir, repetir y compartir cooperativamente y por igual.[7]

El interés cooperativo de Meyer iba más allá de los productos estándar para adentrarse en otros aspectos y manifestaciones de la actividad y la expresión Co-op. En la misma exposición, Meyer incorporó un escenario para teatro Co-op para pantomimas y marionetas de tamaño natural en el que se representaron cuatro obras para una audiencia total de entre 15.000 y 20.000 personas,[8] actividad que continuó y por la que ya en la Bauhaus mostraría especial inclinación.[9] También trabajó

[7] BORRA, B. (2013), pág. 2.
"Meyer impone la "simplicidad más simple" [...] para transmitir el mensaje de la cooperación [...] entre los individuos que forman la sociedad de masas [...] y para cooperar con ellos mediante "la educación de una nueva visión y percepción" para "removerlos y conseguir que sean más políticamente conscientes".

[8] MEYER, H. (1949 b). Cuatro pantomimas con un total de más de 100 representaciones: "El intermediario", "El Sueño Co-op", "El vestido Co-op", "Trabajo-Co-op".

[9] SCHNAIDT, C. (1964): "[Meyer] Aprendió con Jean Bard a 'agitar el alma de los hombres mediante el espectáculo de cuerpos, luz, color, sonido y movimiento'; y viajó para una estancia de seis meses en Bélgica para representaciones de teatro Co-op".

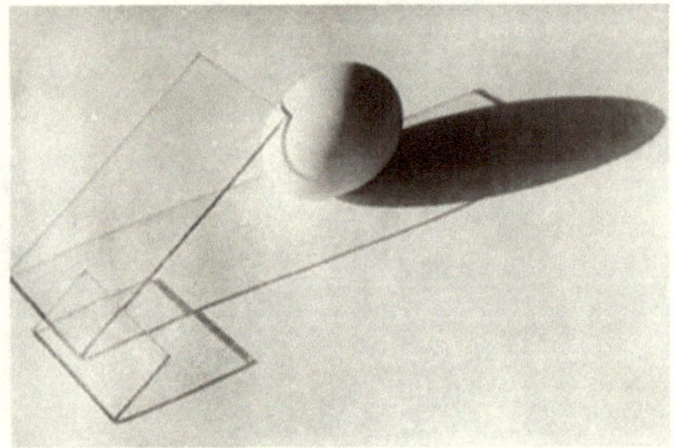

Meyer. Construcción (tensión entre rectángulo y diagonal rojos y rectángulo y diagonal azules), 1924. Construcción (ovoide sobre placas transparentes plegadas), 1926.

con fotografías Co-op entre las que destaca "Die Wohnung" (El Apartamento) con el montaje de una habitación dormitorio extrema,[10] "una habitación moderna que no gustará a todos",[11] que reducía a lo esencial un ideal ascético anti-burgués liberado de propiedades superfluas, objetos condicionantes y pretensiones de diseño: tan sólo una cama esquemática con una delgadísima colchoneta, una silla plegable colgada en la pared para cuando hiciese falta, una mesa también plegable y un gramófono para las necesidades del espíritu; descansar el cuerpo, dormir, soñar despierto...; eso es todo.

Durante ese período investigó con otros medios de expresion a los que invariablemente asociaba la palabra Co-op. Experimentó con:

[10] La fotografía "Die Wohnung", 1924, que figura en este texto fue la última de las muchas imágenes con las que Meyer ilustró su artículo "Die Neue Welt" (The New World) publicado en *Das Werk*. En ella solo figuran una cama, una silla, una mesa y un gramófono. En fotografías de varias réplicas posteriores aparecen: otra silla, un estante (en ocasiones vacío y en otras con frascos de cristal) e incluso un sencillo florero en el suelo u objetos sobre la cama.

[11] Meyer, citado en: ANTONAS, A.; P. V. AURELI; R. FRANKLIN. (2015).

linograbados Co-op, caracterizados por grafismos elementales de índole constructivista, y con otros modos de modos de representación y exploración plástica incluyendo maquetación gráfica y montaje de exposiciones.[12] Y continuó haciéndolo con constructos Co-op, composiciones volumétricas que contraponen geometrías básicas y materiales nuevos incorporándo desequilibros y tensiones en su composición.

"DIE NEUE WELT" (EL NUEVO MUNDO)

Durante los primeros años 20, tras su integración en el grupo ABC, Meyer viajó por Europa, contactó con arquitectos de las vanguardias y la modernidad (Le Corbusier, De Stijl...), amplió internacionalmente sus contactos cooperativos (Escandinavia) y editó números especiales sobre nuevas manifestaciones culturales en diversas revistas suizas.[13] Estos contactos, más sus investigaciones, sus diseños y sus propios posicionamientos estuvieron en el probable origen del intenso e imperativo texto/manifiesto, "Die neue Welt" (El Nuevo Mundo),[14] publicado en 1926; un documento en el que Meyer reúne sus reflexiones, convicciones e incluso mandatos sobre la situación, la razón de ser y los objetivos de una nueva arquitectura, y reclama –como muchos por entonces– una arquitectura que sin la carga opresora del pasado refleje su propia época. El Nuevo Mundo marcaría las líneas maestras de su participación en la Bauhaus, primero como profesor y después como director.

En El Nuevo Mundo Meyer se extiende prolijamente en la descripción y enumeración de rasgos de aquél nuevo mundo desplegando como evidencia de su novedad un torrente heterogéneo de ejemplos, objetos, cambios de actitudes y comportamientos sociales de los que extrae conclusiones sobre cómo actuar en el diseño y producción de objetos y arquitectura.

[12] SCHNAIDT, C.: "[Meyer] organizó una exposición de arte moderno belga para el Kunsthalle en Basilea".
[13] SCHANIDT, C. (1964).
[14] MEYER, H. (1926).

Comienza con algunos de los entonces recientes éxitos técnicos en aviación, náutica y visualización astronómica como "evidencia de la victoria del hombre pensador sobre la naturaleza amorfa"[15] cuyo conocimiento transforma los valores existentes y da al mundo una nueva forma.

Para reforzar aún más lo novedoso de esos nuevos tiempos recurre a un amplio abanico de temas: fotografía, imprenta y cine; hangares y plantas de energía ("catedrales de nuestro tiempo"); colores y formas de los nuevos elementos que invaden el paisaje (cables, signos de circulación, antenas...); tracción eléctrica; nuevas formas de danza y ejercicio en lugar de las pinturas de desnudos... Y añade cambios y transformaciones de comportamiento que subvierten conceptos preestablecidos: el estadio que desplaza al museo como destino público y la realidad que reemplaza a la ilusión hermosa; el deporte de masas como universidad de sentimiento colectivo.

Los objetos actuales, los coetáneos con el Nuevo Mundo descrito por Meyer, no solo aportan novedad sino que además y ante todo demostrarían que la sociedad asume y tiende a la estandarización de requisitos. Menciona como ejemplos cosas tan diversas como el uso de sombreros "bowler hat" (de copa redonda y baja) por los hombres y de las melenas cortas por las mujeres, el tango y el jazz, los productos Co-op, los formatos estándar DIN, el extracto de carne...[16]

[15] Meyer se refiere a:
• La expedición al polo norte, en 1926, del noruego Roald Amundsen en el dirigible Norge, proyectado por el italiano Umberto Nobile.
• El formidable e híper preciso planetario Zeis de Jena, 1926, erigido por el Profesor W. Bauersfeld, uno de los directores de la fábrica de óptica Zeis. Ver: CHANT, C. A. *The history of the Zeis Planetarium. Journal of the Royal Astronomical Society of Canada*, Vol. 29, págs. 143-156.
• El sistema de velas rotoras inventado por Anton Flettner mediante el cual cilindros verticales trasladan hacia proa (efecto Magnus) el empuje de vientos laterales con una eficacia 10 veces mayor que la del velamen convencional: primer viaje eficaz de la goleta transformada Baden Baden en 1924; y a New York en 1926.

[16] Extracto de carne: invento inglés, líquido (o caldo) muy denso que concentra en poco volumen el valor nutritivo de grandes cantidades de carne de res. Desarrollado en la segunda mitad del XIX en Uruguay y Argentina, por entonces grandes exportadores de cuero. Su nombre comercial más conocido: Bovril.

No sólo estandarización de objetos, también habla de las nuevas imágenes mentales que unen a las masas con independencia de sus diferencias de clase o raza, y como prueba se refiere a las estrellas de cine y los espectáculos de éxito y las grandes pruebas deportivas. Para él, sindicatos, cooperativas, corporaciones, los "cartels", los "trusts", la Liga de las Naciones y otras formas de organización eran la expresión institucional de ese Nuevo Mundo estandarizado, y la prensa impresa y la radio eran sus modos de comunicación.

Con ese panorama de máquinas y construcciones utilitarias o meramente funcionales, obras de ingeniería, otros elementos, productos o quehaceres –de la publicación al lenguaje, del "music hall" a la silla, del cine a la música, de las estrellas de cine a las instituciones– con todo eso y más, Meyer construía el retrato de un presente de productos, temas e imágenes comunes para el conjunto de las masas cuyo corolario llevaría, necesariamente, a la estandarización de deseos y necesidades y por tanto de lo producido:

"Todas las demandas que hacemos hoy son de la misma naturaleza dependiendo de estratificación social. La muestra más segura de la comunidad verdadera es la satisfacción de las mismas necesidades por los mismos medios. El resultado de una demanda tan colectiva es el producto estándar".

En ese Nuevo Mundo la afirmación del presente presupondría la negación radical del pasado y la misión del arquitecto consistiría en dar nueva forma a ese nuevo mundo con los nuevos medios que ponía a disposición de la arquitectura.

Pero aunque el objetivo –la arquitectura de nuestra época– y el recurso didáctico a formas extra arquitectónicas pudiera recordar el "Vers une Achitecture" de Le Corbusier, sus conclusiones son radicalmente distintas: "Le Monde Nouveau" en lugar de "L'Esprit Nouveau"; la realidad, el mundo, y no la mente, el espíritu. Frente al formal y escultórico juego sabio, correcto y magnífico de los volúmenes bajo la luz Meyer antepone la construcción lógica y rechaza la componente estética.[17] Para

[17] MEYER, H. (1928).
"Construir no es un proceso estético. [...] Todas las cosas de este mundo son un producto de la fórmula (función por economía) por lo tanto ninguna de estas cosas es una obra

Meyer la arquitectura es construcción pura, construir es un proceso
técnico no estético, respuesta a la ecuación función por economía:
"cada fase de nuestra cultura es prevalentemente constructiva".

En esa ecuación, el concepto de función al que se refiere Meyer no se
remite a dispositivos o actividades físicas concretas sino al propósito o la razón de ser del edificio, y sustituye conceptualmente función
(el qué) por propósito (el para qué y para quién). Así, al hablar de la
vivienda como máquina de vivir (won-maschinerie) no como máquina de habitar, en lugar de funciones convencionales que se puedan
traducir en espacios o dispositivos específicos con etiqueta (cocina,
dormitorio, estancia, almacenaje...), destaca temas sociales (sexo y
familia, liberación del ama de casa) o puramente técnicos (aislamiento térmico, iluminación artificial...) que metafóricamente tendrían el
papel de vectores de fuerza cuya resultante sería la vivienda. Y así,
partiendo del propósito, el proyecto vivienda sería la respuesta ex
post a un meta análisis funcional previo, científico-psicológico,[18] fil-
trado por factores económicos y constructivos.

A su vez el concepto economía quedará íntimamente ligado al de
construcción pura, que sería el resultado de un proceso técnico, no
artístico. La construcción pura surgiría automáticamente al organizar
los nuevos materiales conforme a su naturaleza y propiedades ajus-
tándose al propósito del edificio y a los principios económicos; y pre-
cisamente por surgir automáticamente y por ser pura no sería pecu-
liar de ningún país, sería la respuesta de una época, no de un lugar:
"expresión de una concepción internacional de la arquitectura. Es
cosmopolita y expresa una filosofía internacional de la construcción.
El internacionalismo es la prerrogativa de nuestro tiempo."[19]

de arte [...] las artes no están sujetas a una finalidad particular. [...] Dar forma al proceso
de la vida lleva lógicamente a la construcción pura".

[18] MEYER, H. (1933).
"Mis esbozos preliminares consisten en numerosísimos análisis, representados gráficamente [...]. El análisis debe representarse a tres niveles: elementos técnico-económicos;
elementos económico-políticos; elementos psicológico-artísticos. [...] con severo método científico".

[19] MEYER, H. (1926).

Despacho de Hannes Meyer en Basilea.

Para Meyer el destinatario de la arquitectura no es el individuo, es
la colectividad, y la cooperación es su instrumento: la cooperación
domina el mundo, la comunidad predomina sobre el individuo. Por
ello, la estandarización de los productos y la existencia de una demanda colectiva en grandes números conducirían a la producción en
serie: la repetición de iguales que sistemática y obsesivamente practi-
có en Freidorf.

Meyer no niega aún, como después haría, el papel individual del arquitecto como responsable último del proyecto, pero lo supedita a la disciplina del análisis y la construcción exacta. Sujeto a tan exigente disciplina el lugar de trabajo del arquitecto deja de ser taller de artista para convertirse en laboratorio de de pensamiento incisivo e invención. La fotografía de su despacho de Basilea, en el periodo de sus proyectos más brillantes es elocuente: paredes desnudas, una amplia mesa simple bien iluminada desde la izquierda y, a la vista, una regla sobre la mesa y una pequeña escuadra colgada en la pared como únicos instrumentos de dibujo.

¿Y el arte? Para Meyer el arte tiene derecho indudable a existir siempre que haya abandonado su filosofía vital; y ese abandono implica la negación de la obra artística como pieza singular de arte por el arte y su afirmación como obra para todos, no una pieza de coleccionista o el privilegio de un solo individuo. En su Nuevo Mundo de razón y lógica funcional el arte cambia; y los sentimientos deben encontrar su propio cauce:

> "Hace mucho que las nueve musas fueron raptadas por hombres prácticos y bajado de nuevo a la vida desde sus pedestales, más anodinas (normales) y más razonables. [...] El arte está pasando a ser invención y realidad controlada. ¿Y la personalidad?, ¿el corazón?, ¿el alma? Nuestra súplica es a favor de la segregación absoluta. Releguémoslas, a las tres, a sus propios campos: el impulso amoroso, el disfrute de la naturaleza, y a lo social".

En El Nuevo Mundo Meyer habla más de modos de hacer y de pensar que de resultados. No habla de cómo deben ser las cosas, los edificios, sino de cómo deben surgir. Sugiere o impone claves: el reconocimiento y la aceptación –por no decir abrazo– de las nuevas características tecnológicas, culturales y sociales; el rechazo a modos heredados o preconcebidos; el análisis científico del propósito o razón de ser del edificio; el énfasis en la aceptación y uso verdadero de los nuevos materiales; la superación de lo individual y de la pulsión artística; la creación colectiva para una sociedad colectiva.

No describe cuál o cómo ha de ser la arquitectura con la que construir
la nueva época, pero dice cómo debería surgir. El Nuevo Mundo tiene
más de lección ética que de tratado.

PETERSSCHULE, BASILEA

Coincidiendo prácticamente con la publicación de El Nuevo Mundo,
en 1926, Hannes Meyer se presentó junto con Hans Wittwer al concurso de proyecto y construcción de una escuela primaria femenina,
la Petersschule en Basilea; un edificio de no muy gran tamaño que
requería presencia y significación. La propuesta que presentaron –con
el número 76 y contraseña "Kompromiss"[20]– refleja la adscripción
constructivista de Meyer, las ideas expresadas en El Nuevo Mundo y
su compromiso político con valores colectivos.

Situada en una manzana de dimensiones reducidas, Meyer y Wittwer
proponen una ruptura radical con la imagen convencional de la ciudad y
con la tipología y la imagen de una escuela primaria. Para maximizar el
uso público del lugar su proyecto subvertía la lógica convencional: en
lugar de ocupar todo el solar optan por ocupar sólo lo imprescindible y
abrir a la colectividad el resto, creando así una pequeña plaza pública.

Para ello, compactan la edificación en un extremo del solar y, en vez
de destinar a patio de recreo el resto (como hicieron los demás par-
ticipantes)[21] lo desplazan verticalmente a dos terrazas –plataforma
elevadas, separadas del edificio, sustentadas por cuatro grandes
cerchas en voladizo sujetas por tensores a la estructura del edificio
de la escuela que actúa de contrapeso, creando bajo ellas una plaza
pública cubierta que también sirve como expansión exterior del gimnasio escolar.

[20] ERNST, W. SOHN, V. (1989), pág. 80 (figura 2).

[21] Imágenes de otras propuestas en: BRUFAU, R. OBIOL, A. La Petersschule: situación
límite. *UPC Commons. 2C: construcción de la ciudad* (1985, abril, núm. 22, pág. 18-23).
<http://hdl.handle.net/2099/5329>.

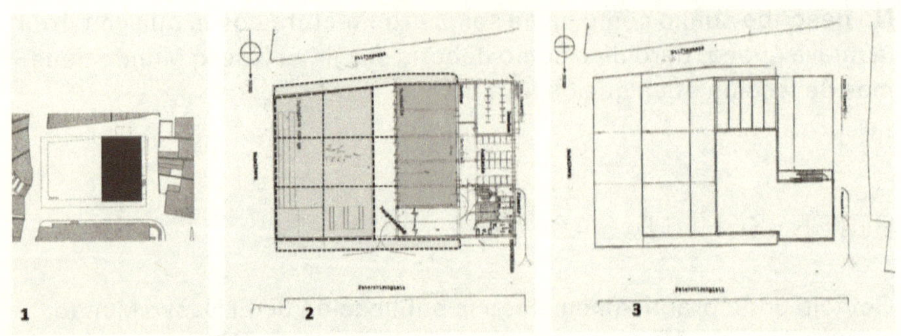

Hannes Meyer, Hans Wittver. Concurso Petersschule, 1926. 1, ocupación del solar. 2, planta baja señalando gimnasio (en gris oscuro), posición de las plataformas elevadas y de cerchas y pasarelas de acceso (a trazos). 3, planta de cubiertas mostrando dientes de sierra que iluminan cenitalmente el salón de actos y la pequeña escalera de acceso a cubierta.

El cuerpo principal del edificio se organiza en dos bandas de aulas separadas por un amplio espacio de comunicación. En su fachada frontal, hacia la plaza, grandes ventanales, de forjado a forjado, ocupan totalmente los vanos y ventilan e iluminan las clases; y en la opuesta, ventanas alargadas situadas en la parte alta de los paramentos iluminan las áreas de tránsito y servicio. A partir de la segunda planta, el edificio se complejiza mediante un patio que lo rasga en dos y un cuerpo saliente parcialmente en voladizo justificado funcionalmente por la dimensión de las baterías de aseos. Edificio y plataformas enlazan mediante pasarelas metálicas, exentas y descubiertas, una encada extremo. Su imagen conjunta muestra un cuerpo compacto del que surgen cerchas-brazo que con la ayuda de tensores sustentan plataformas.

Las plantas y la volumetría responden a un racional-funcionalismo sin concesiones. Son resultado directo del análisis topológico-geométrico-funcional del programa de contenidos, ajustado a la modulación igualmente racional de la estructura. Lo mismo ocurre con ventanas y acristalamientos, diseñados en función de las condiciones de soleamiento e iluminación de las aulas.

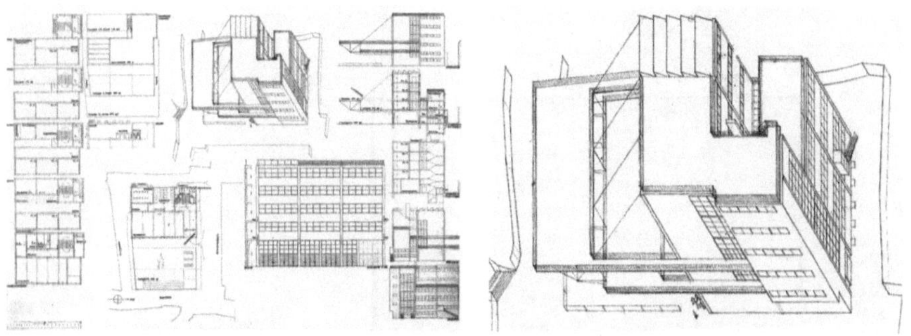

Hannes Meyer, Hans Wittver. Concurso Petersschule, 1926. Panel general. Detalle de perspectiva.

La Petersschule nace del propósito del edificio y de su programa y
no esconde su construcción. Al contrario, articula y exhibe sin disimulo todos y cada uno de sus elementos –estructura, volumetría,
paramentos, cerramientos, pasarelas, cerchas, plataformas...– conforme a su naturaleza y a la interacción de cargas, fuerzas y tensiones. Las lógicas de lo pesado y lo leve se refuerzan entre sí: una, con
las aulas y dependencias, guiada por su ajuste racional-funcional
al programa y el control dimensional y geométrico del volumen;
otra, con las plataformas de los patios elevados, entregada al alarde
estructural e ideológico. Racional-funcionalismo y principios constructivistas serían las palabras clave. De hecho, parece un edificio
con dos almas yuxtapuestas: una en el edificio de la escuela, domi-
nado por el estricto ajuste entre análisis funcional, rigor dimensional
y control geométrico del volumen; otra en el patio de recreo, guiado
por el alarde estructural.

Sin embargo, el proyecto con que Meyer y Wittver concursaron a la
Petersschule –no era tan nítido. Pese a la fuerte presencia de cerchas,
plataformas y tensores, el conjunto adolece de contención y concesiones: asume sin cambios la forma irregular del solar que deformaba la
geometría de las plataformas en uno de sus bordes; resuelve los des-
plazamientos verticales mediante escaleras interiores convencionales

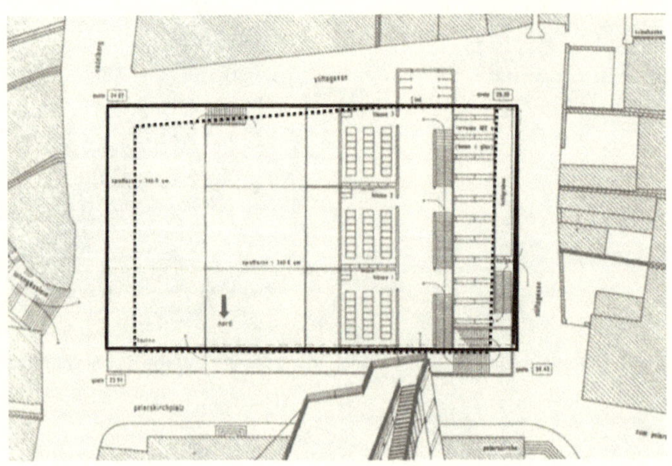

Hannes Meyer, Hans Wittver. Peteresschule. Comparación de la ocupación
original (línea de trazos) y revisada (línea oscura).

sin presencia autónoma formal; ningún elemento marca claramente el
pretendido uso escolar de la áreas de cubierta plana...

La versión del proyecto de Petersschule que Meyer-Wittwer presentaron a concurso no fue la última ni la más conocida. Al ingresar en
la Bauhaus, 1928, Meyer publicó una versión mejorada que acentuaba
sobremanera la expresión constructivista y pasó a ser la más común-
mente utilizada en artículos y publicaciones. En ella, además de cambiar el modo de representación,[22] introdujo tres grupos de cambios

[22] Para explicar didácticamente la racionalidad analítica de la propuesta, la publicación
de 1928, además de cambiar el tipo de grafismo utilizado (inclinación del dibujo de la
axonometría en la lámina, solape y recorte de planos,..), incluía un extenso conjunto de
cálculos (soleamiento iluminación...) y datos (funciones...).

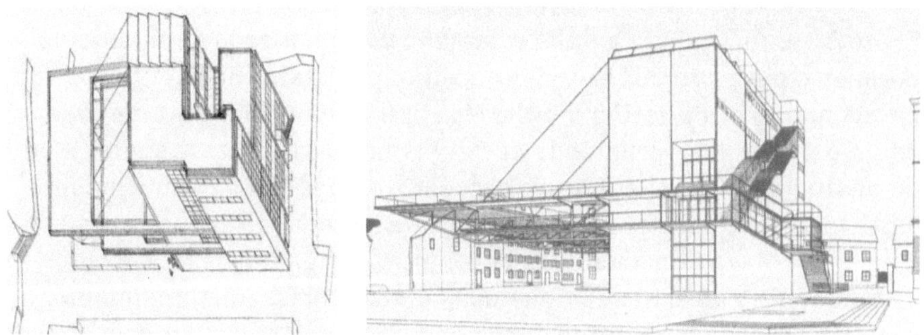

Hannes Meyer, Hans Wittver. Axonometría del concurso Peteresschule, 1926. Perspectiva de versión revisada de la Petersschule de 1928.

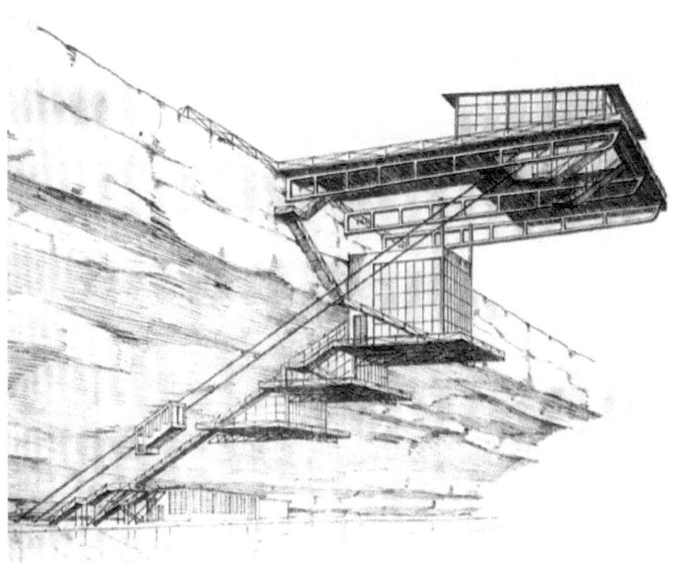

Vkjutemas, (taller Ladowsky) croquis para un restaurante, 1922-23.

relativos a la ocupación del solar, al edificio de la escuela en sí y al sistema plataformas, cerchas y elementos complementarios.

El proyecto redibujado amplía el tamaño y regulariza la geometría del perímetro ocupado por el conjunto edificio-plataformas sobrevolando parcialmente el viario;[23] simplifica la volumetría (y el programa) del edificio principal suprimiendo el volumen trasero sobre rasante; y, en un gesto más visible, sustituye todos los dispositivos de movimiento –interiores y exteriores– por un complejo sistema de elementos metálicos que abrazan las fachadas del cuerpo principal –de lado a lado y en diagonal– y se extienden hasta las plataformas. Adicionalmente, para recibir el desembarque superior de la escalera y crear acceso directo a la terraza, integra mejor el bloque de aseos y gira 180 grados su posición y la de las aulas y, con ellas, el lucernario de la última planta. Con esos cambios Meyer acentúa el rigor geométrico y refuerza los rasgos constructivistas.

La mayor regularidad del volumen y la acusada presencia del nuevo sistema metálico adosado al edificio acentúan la confrontación entre volumen y línea, peso y ligereza, reposo y movimiento; entre la estática de la modernidad y la dinámica constructivista; entre la función como disciplina y la función como justificación retórica. Y, en todo caso, con fidelidad a su adscripción al grupo constructivista ABC, traduce el afán por primar lo colectivo, reinterpretar el verdadero propósito del proyecto y utilizar un repertorio formal sin disfraz basado en el lenguaje de la construcción.

SEDE DE LA SOCIEDAD DE LAS NACIONES

Tras el proyecto para la Petersschule Meyer y Wittver se presentaron, en 1927, al concurso internacional para sede de la Sociedad de las Naciones en Ginebra, cuya mayor escala y complejidad funcional favorecían el despliegue de los principios y modos de proyectar

[23] La versión inicial de la Petersschule se ceñía exactamente a la forma levemente irregular del solar, mientras que la redibujada lo desborda y regulariza.

que Meyer había proclamado en El Nuevo Mundo, (en palabras de
Meyer, su segundo intento hacia una arquitectura científica, tras
la Petersschule). Su propuesta –tercer premio ex aequo con otros
ocho–[24] traducía a nueva arquitectura el organigrama del edificio, tra-
tando a cada una de sus partes conforme a su propósito y naturaleza.

El proyecto surgió paso a paso, de lo menor a lo mayor, en un proceso
que tras el análisis del problema y las demandas funcionales de todo
tipo y antes de su concreción final pasaría por:

- Representación gráfica del programa agrupando los espacios de la
  misma especie.

- Estandarización de los espacios de la misma especie.

- Generación de volúmenes apilando o juxtaponiendo espacios estándar.

- Organización del programa completo para generar el edificio agrupando los volúmenes conforme a su contenido del modo más práctico posible.[25]

El proyecto desdobla el edificio en dos partes comunicadas entre sí
por un sucinto corredor elevado, a modo de cordón umbilical. En una
sitúa las áreas de despachos, reuniones, biblioteca y demás funciones
administrativas; en la otra la gran sala de asambleas y sus dependencias. Ninguna de las dos es una forma simple o tiene una volumetría
elemental. Ambas están formadas por agregación de piezas menores
sugiriendo, o reflejando, un proceso racional de proyecto en el que
primero se examina y definen la lógica y las características deseables
de cada fragmento menor, para después agruparlos en escala creciente
conforme corresponda.

Meyer y Wittver comienzan el proyecto con un estudio detallado del
programa, que les permite y les lleva a definir para funciones iguales
dependencias iguales, rectangulares, con idénticas dimensiones e

[24] MEYER, H. (1934). Meyer narra que tras cuatro meses de estudio y deliberaciones, los
nueve miembros del jurado del concurso no llegaron a una decisión final y acordaron con-
ceder nueve primeros, nueve segundos y nueve terceros premios.

[25] MEYER, H. (1933). En Mi Modo de Proyectar Meyer describió como propio este modo
secuencial de proyectar.

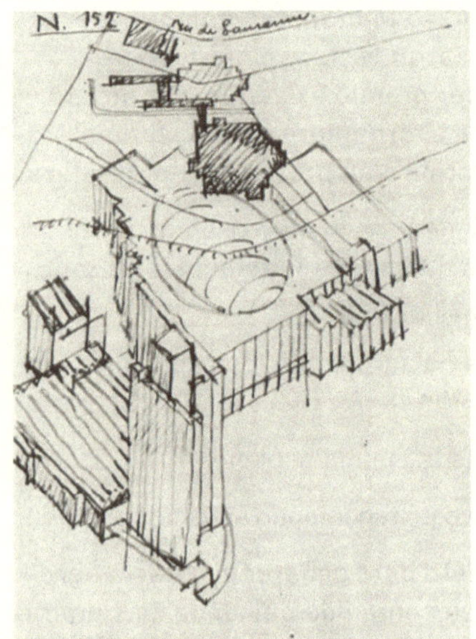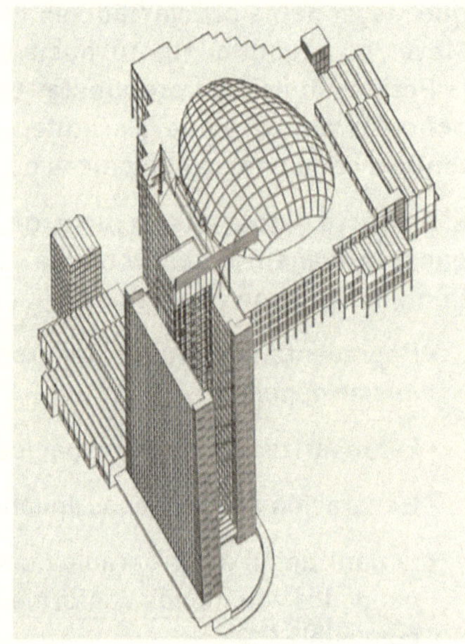

Hannes Meyer, Hans Wittver. Sede de la Sociedad de las Naciones, 1927. Croquis. Axonometría.

idénticos requisitos de altura e iluminación: un modelo propio de
espacio o dependencia para cada función (despachos, reuniones,
conferencias, áreas estanciales...). Continúan agrupando iguales
para definir paquetes funcionales con forma de rectángulo mayor
(por ejemplo, baterías de despachos) que por repetición/extrusión
vertical generan volúmenes prismáticos especializados de distintas
planta y altura, cuyas posiciones relativas deciden en base a relaciones topológicas de contacto o proximidad. Para la sala de asambleas,
que siendo la razón de ser del conjunto necesitaba más espacio que
cualquier otra, el mecanismo es algo distinto. En el interior de un perímetro quebrado, que envuelve las circulaciones internas de la propia
sala, estudian los requisitos acústicos y de visibilidad, y adoptan
como forma interior y exterior, sin mediaciones, la que resulta directamente de esos estudios: la de un semi-ovoide de planta no elíptica.

Hannes Meyer, Hans Wittver. Sede de la Sociedad de las Naciones, 1927. Planta general. Secciones. Planta del edificio de asambleas resaltando la sala y los espacios de circulación y dependencias.

A partir de ahí, el edificio surge por yuxtaposición tangente de piezas, cada una en su sitio; y se completa por la presencia de los espacios y mecanismos de circulación y movimiento horizontal y vertical.

El edificio administrativo es volumétricamente simple: dos estrechos y esbeltos bloques acristalados de gran altura ocupados por oficinas, paralelos y enfrentados entre sí, enlazados por un prisma vertical (torre de comunicaciones); a su lado un prisma de planta irregular de poca altura, con luz cenital, para reuniones y aéreas comunes; y al extremo un bloque menor destinado a biblioteca.

El conjunto sala de asambleas y dependencias es más complejo. Planteaba el problema de hacer convivir un gran volumen de forma singular –determinada por capacidad, visibilidad y acústica– y un conjunto de espacios funcionales menores. El proyecto lo resuelve de un modo directo: la gran sala, simétrica, adopta la forma que le conviene, la de semi-ovoide que sirve al doble propósito acústico y estructural; las dependencias adoptan la suya, alojadas en paralepípedos menores cuyas dimensiones y posición dependen de sus requisitos de capacidad e iluminación; y esos dos elementos –sala y dependencias– se adosan mediante un espacio lineal y quebrado de circulaciones, con los núcleos de comunicación vertical situados en el perímetro sin interferir. El resultado formal de este conjunto es el de un prisma de contorno quebrado comparativamente bajo sobre el que emerge la parte superior de la ovoide sala de asambleas, difícil de percibir si no es de lejos.

Todo es simple y directo. Tanto el edificio administrativo como el de sala de asambleas son un resultado lógico del análisis funcional, sin voluntad estética deliberada y sin concesiones a la forma agregada. No hay más apariencia de jerarquización que la que pudiera resultar del contraste entre la altura y verticalidad del edificio administrativo y la menor altura y singularidad del de asambleas. La verticalidad de lo cotidiano –oficinas– desplaza el protagonismo visual e icónico de lo excepcional –asamblea. El protagonismo que convencionalmente correspondería a la sala de asambleas y la preponderancia visual del edificio administrativo no fueron argumento voluntario sino resultado del volumen y forma que funcionalmente convienen.

Constructiva y materialmente el conjunto está sujeto a la doble disciplina de la modulación y la construcción en serie: todo se ajusta a una modulación isótropa de cuadrados idénticos; todo lo igual se construye igual y es igual; prefabricación y producción determinan sin disimulo la apariencia exterior del edificio; y a mismos requisitos de iluminación idénticos dispositivos.[26] No es de extrañar que, por ejemplo, los lucernarios en diente de sierra utilizados en el proyecto de la Petersschule reaparezcan aquí como dispositivo genérico para la cubrición de espacios colectivos.

Con esa doble disciplina, el proyecto resuelve el dialogo estructural entre los grandes vanos en la sala de asambleas y la menor escala de las dependencias remitiéndose a la estricta disciplina modular. Cons-

[26] Meyer; Wittver: Sociedad de las Naciones. Elementos en serie utilizados para cerramiento de las fachadas:
• Paneles transparentes: compuestos con el mismo modelo-unidad de acristalamiento de 1/2 módulo de ancho, unidos horizontalmente de a dos y verticalmente en 2 o 4 filas.
• Paneles opacos: verticales, modulados, de suelo a techo.

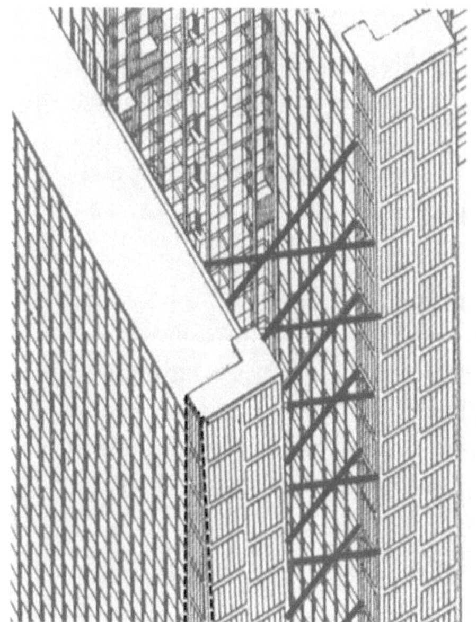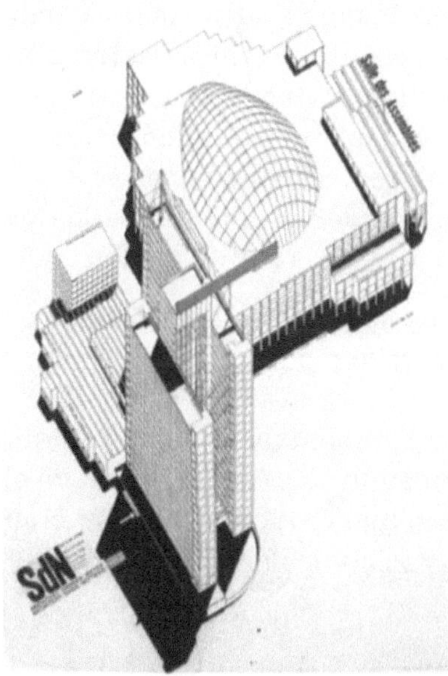

Hannes Meyer, Hans Wittver. Sede de la Sociedad de las Naciones, 1927. Detalle de testero del bloque de oficinas. Axonometría redibujada publicada en la Bauhaus, 1928, que modifica el volumen de almacenamiento de libros y algunas cubiertas, dibuja sombras arrojadas y colorea en rojo el estandarte en voladizo.

truye la estructura portante del ovoide con una sucesión de vigas de sección curva y perfil variable, transversales al eje de la sala, con apoyos en la misma alienación que los pilares, subordinándola al concepto uniforme de orden que guía todo el proyecto.

En términos de lenguaje arquitectónico, el acristalamiento y la tectónica de las fachadas evocan contenedores transparentes de espacio, lejos de los planos y líneas del neoplasticismo y de los volúmenes sólidos de la modernidad. No hay alusión a superficies continuas de falsa apariencia muraria; solo unión de piezas, construcción desnuda. Ni símbolos ni más ornato que la construcción; ni simetrías jerarquizantes ni más monumentalidad que la que surge del contraste entre volúmenes altos justificadamente verticales y cuerpos horizontales bajos.

Sin embargo, el proyecto, como para reforzar su imagen y su carácter, acepta e incluye gestos icónicos del leguaje constructivista: el distinto tratamiento y ligera inclinación del remate de los bloques de oficinas;[27] el zigzag de arriostramientos diagonales vistos que los enlazan; las antenas de comunicaciones encaramadas en cubierta y sobre todo el gran banderín rígido que ondea plano y en voladizo en lo más alto (que no estaba en los croquis).

Una segunda versión Bauhaus del dibujo axonométrico de éste proyecto lo modifica con dos gestos reveladores y en cierto modo contradictorios: añade sombras arrojadas incongruentes e innecesarias que presentan las cajas cristalinas como volúmenes modernos, trastocando su carácter; y resalta el banderín coloreándolo en un simbólico rojo vívido con connotaciones ideológicas centrando la mirada en el icono singular constructivista.[28]

La propuesta Meyer-Wittwer para el concurso de la Sociedad de las Naciones contrasta con la presentada por Le Corbusier-Jeanneret. Ambas desdoblan el edificio en dos partes independientes (sala del asambleas y oficinas) conectadas por corredores acristalados elevados; pero si Meyer-Wittwer los utilizan en pie de igualdad e incluso destacan lo operativo en base a su lógica funcional, Le Corbusier-Jeanneret destacan el protagonismo jerárquico e institucional de la sala de asambleas y utilizan las oficinas como si fuesen un paisaje de fondo formado por bloques lineales horizontales de altura homogénea.

---

[27] En los planos presentados al concurso de la Sociedad de las Naciones, las escaleras al final de los bloques de oficinas son idénticas en todas las plantas, y no habría justificación funcional para inclinar la fachada.

[28] La axonometría redibujada del proyecto de Meyer-Wittver para la Sociedad de las Naciones también modifica otros elementos menores, por ejemplo: sobre el depósito de libros y partes del edificio del Consejo, dibuja cubiertas planas en lugar de lucernarios; macla el volumen de la biblioteca y los cuerpos bajos adyacentes (tal como aparece sugerido ¿cómo duda? en el croquis) en lugar de yuxtaponerlo.

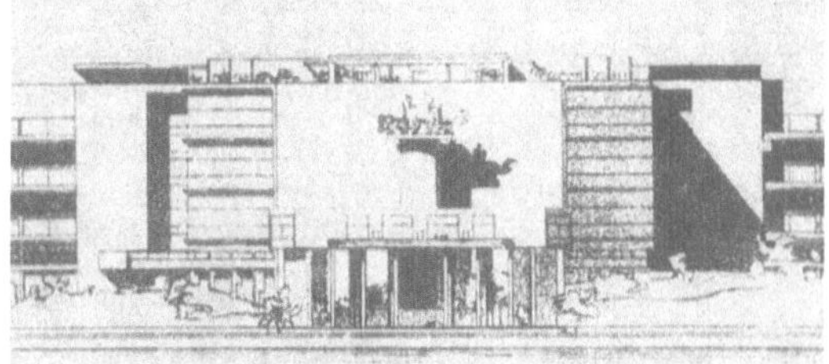

Le Corbusier-Jeanneret. Concurso para la sede de la Sociedad de las Naciones, 1927.
Axonometría. Fachada hacia el lago del edificio de Salas del Consejo.

Meyer-Wittwer persiguen y se ciñen a una neutralidad constructiva a-monumental, mientras que Corbusier-Jeanneret otorgan al edificio de asambleas una deliberada monumentalidad moderna recurriendo a dispositivos tales como: frontalidad, gran escala y simetría; evocaciones neoclásicas en los pórticos de entrada; y apariencia de muros y dinteles de gran tamaño, especialmente en su simbólica fachada curva adelantada hacia el lago. De un lado, la aceptación del resultado de un proceso analítico-funcional-constructivo; del otro, la función como soporte y justificación, a partir del programa, de un resultado formal.

El contraste no es casual. Sitúa la reivindicación constructiva de Meyer de 1926:[29] "la construcción pura es el rasgo característico del nuevo mundo de las formas"[30] frente al corbusieriano y ya mencionado juego sabio y correcto y magnífico de volúmenes.

¿Qué mejor escenario que la sede de la Sociedad de las Naciones, esperanza y promesa de internacionalidad, podría haber encontrado Meyer para ensayar un ejercicio racional de construcción pura?

[29] Hannes Meyer criticó que en el proyecto de Le Corbusier-Jeanneret la sala de asambleas tenía forma exterior prismática, pese a que su volumen interior tenía la forma no prismática de un volumen espacial acústico.

[30] MEYER, H. (1921).

TERCER ACTO: AFIRMACIÓN. MEYER EN LA BAUHAUS

EN LA BAUHAUS

Coincidiendo en el tiempo con el proyecto para la Sociedad de las Naciones, Gropius propuso a Mart Stam organizar y dirigir la hasta entonces inexistente sección de Arquitectura de la Bauhaus de Dessau. Stam no aceptó y en su lugar recomendó a Meyer,[1] que volvió en febrero de 1927 para dar una conferencia y decidir si aceptaba. Meyer se incorporó a la Bauhaus el 4 de abril de 1927 (Stam lo hizo el mismo año, como "visiting lecturer"). Un año después Gropius renunció a continuar como director y trás ofrecerle el cargo a Mies Van der Rohe, que no lo aceptó, se lo propuso a Meyer, que aceptó y ocupó el cargo desde abril de 1928 hasta su despido forzoso el uno de agosto de 1930, fecha en que recibió del burgomaestre Hesse carta de despido de la Bauhaus. Una historia corta –menos de tres años– decisiva en la trayectoria teórica, proyectual y política de Meyer y en el devenir de la Bauhaus.

No se entiende bien el porqué de la invitación y el posterior nombramiento de Meyer como director. Meyer tenía una opinión negativa de la enseñanza y del esteticismo de los trabajos de la Bauhaus (Estilo Bauhaus) que en su opinión estaban orientados a cambiar las formas y no a la transformación social, contrariamente a lo propugnado en El Nuevo Mundo; y así lo expuso. Tras atender como invitado a la inauguración del edificio de Dessau, antes de ser nombrado profesor, en carta dirigida a Gropius, Meyer criticaba los trabajos expuestos: "en su mayoría criticables [...] Me recordaban espontáneamente a [...] sectarismo y esteticismo".[2] Antes de ser director, criticó categóricamente "lo fraudulento, propagandístico, teatral de la anterior Bauhaus";[3] y desde esa discrepancia anunció su intención de introducir cambios en la enseñanza.[4] Aun así fue nombrado director. Era una oportunidad única para llevar a cabo sus conceptos sobre arquitectura y sociedad.

[1] DROSTE, M. (2002), págs. 129-130.

[2] DROSTE, M. (2002), pág. 166; nota 104.

[3] DROSTE, M. (2002), pág. 170; nota 106.

[4] SCHNAIDT, C. (1964):

"En una carta a Gropius con fecha 18 de enero de 1927, Meyer afirmaba categóricamente: mi enseñanza se basará, básicamente, en líneas absolutamente funcionales-colectivistas-constructivistas conforme a ABC y El Nuevo Mundo."

"BAUEN" (CONSTRUIR)

Al poco de asumir el cargo de director Meyer publicó un breve ensayo programático, "Bauen" (Construir)[5] en el que, sin reiterar la descripción del Nuevo Mundo, radicaliza sus ideas y aborda directamente los preceptos que deben regir la arquitectura, la autoría, el proyecto y sus responsabilidades sociales.

Comienza por negar la componente estética en la arquitectura y reafirmar, como ya hizo en "Die Neue Welt", la construcción pura entendida como resultado material construido de un proceso racional de creación colectiva:

> "Todas las cosas de este mundo son producto de la fórmula función por economía. Por esta razón ninguna de estas cosas es una obra de arte. Todo arte es composición y, por ello, es inadecuado para un objetivo. Toda la vida es función y, por ello, no es artística.[...] Construir es un proceso biológico. Construir no es un proceso estético. [...] La arquitectura como acto emocional del artista no tiene justificación."[6]

El arquitecto no sería el creador individual o el responsable único, sería el especialista en organización que coordina.

Para Meyer, en lo constructivo, la disponibilidad de nuevos materiales y la interpretación funcional y biológica conducen a la arquitectura de la construcción pura, "sin país natal, expresión de una actitud internacional";[7] y permiten construir según principios económicos de modo que forma, estructura, color y texturas "nazcan automáticamente y sean determinadas por la vida".[8]

El resto del escrito se ocupa pormenorizada y casi exclusivamente de la construcción de la vivienda, cuya noción amplía para ser no solo máquina de vivir sino también un aparato biológico que sirva las necesidades del cuerpo y el espíritu. Para encauzar el proyecto de la casa,

[5] MEYER, H. (1928 b). "Bauen" (construir). En la revista *Bauhaus*, Vol. II, No. 4, 1928.

[6] MEYER, H. (1928 b).

[7] MEYER, H. (1928 b).

[8] MEYER, H. (1928 b).

en lo funcional, enumera exclusivamente doce motivos (vida sexual y costumbres al comienzo de la lista; cocina, calefacción, soleamiento y servicios, al final)[9] y desgrana detalladamente qué aspectos de la construcción deben ser tenidos en cuenta en el proceso científico del proyecto y cómo analizarlos, yendo de cosas tales como las rutinas diarias a las condiciones geológicas del subsuelo pasando por las condiciones térmicas o el uso psicológico del color.

Con todo eso, para Meyer la casa debía ser una unidad prefabricada, un producto industrial y social obra de especialistas con el arquitecto como organizador. La colonia de viviendas —objetivo final del bienestar público— sería la resultante construida de un proceso de creación colectiva en el que el arquitecto coordina "las energías individuales y colectivas [que] se unen en una obra común".[10]

Concluye con cinco afirmaciones o exhortos finales que, presididos por la palabra inicial construcción, dicen que la construcción (y el proyecto) de la vivienda debe: ser organización deliberada de los procesos vitales; ser sólo en parte un procedimiento técnico que utiliza el diagrama funcional y el programa económico como directrices determinantes; no ser tarea individual sino un trabajo conjunto; ser entendido como empresa colectiva de toda la nación; y ser solo organización social, técnica, económica, psicológica.

En el contenido de "Bauen" y en el del previo y para él esencial "Die neue Welt" están las claves de los cambios de programa docente y de modos de hacer que Meyer quiso impulsar en la Bauhaus. En las ideas y convicciones que expresan, en su sustrato político y su posicionamiento pueden leerse gran parte de los motivos que enfrentaron a Meyer con miembros de la Bauhaus y, al extremo, provocaron su cese.

[9] MEYER, H. (1928 b). Los motivos exclusivos enumerados para el proyecto de la vivienda fueron:
"Vida sexual, modos de dormir, animales domésticos, jardinería, higiene personal, protección contra la intemperie, higiene del hogar, guardado del coche, cocina, calefacción, exposición al sol, servicio... son los motivos exclusivos de la construcción de una casa".
[10] MEYER, H. (1928 b).

DOCENCIA

Meses después de comenzar su docencia, al ser nombrado profesor, antes de publicar "Bauen" Meyer hizo público un escrito en el que afirmaba que "por lo menos en mi sección de arquitectura,... el trabajo que se hace tiene en sí algo de patológico"[11] e hizo una cuidadosa revisión del plan de estudios proyectando numerosas modificaciones, un esbozo que tan pronto fue director sometió a la consideración de alumnos y profesores.[12]

Los cambios formales que Meyer introdujo en el programa de estudios de la Bauhaus consistieron fundamentalmente en: priorizar el taller de arquitectura dándole más protagonismo, duración y apoyo científico y teórico desplazando su componente artística; reducir y reconvertir los talleres de oficios orientándolos a la producción y la autosuficiencia; y mantener como clases libres los de pintura y teatro.[13]

Con motivo de la exposición 10 años de la Bauhaus, Meyer diagramó el nuevo programa docente en un gráfico sistémico y simétrico cuyo eje –la arquitectura– avanza sostenido por materias científicas –cerebro e intelecto– arropado por las artísticas –corazón e intuición–.[14] Con apariencia de exquisita máquina de precisión de cuerpos y tensores, en la que todo encaja, el nuevo programa avanza decidido hacia la palabra final que lo justifica –"werk" (obra, trabajo...). La tensión dinámica de ese gráfico contrasta con la imagen de estabilidad transcendente que describía el esquema de enseñanzas de 1923, representado por una serie de anillos concéntricos cerrados entorno de un núcleo

[11] MEYER, H. (1928 a).

[12] MEYER, H. (1928 a).

[13] DROSTE, M. (2002), págs. 170-193. Descripción detallada del programa de estudios introducido por Meyer.
MEYER, H. (1934). Descripción y evaluación del programa de estudios por el propio Meyer.

[14] En el diagrama de 1930 del plan de enseñanzas de la Bauhaus:
• Materias científicas: publicidad, higiene, anatomía, acústica, color, iluminación, física y química, botánica, psicotécnica, biología, sociología.
• Materias artísticas: filosofía, psicología, cine y teatro, música, pintura y escultura, historia del arte, literatura.

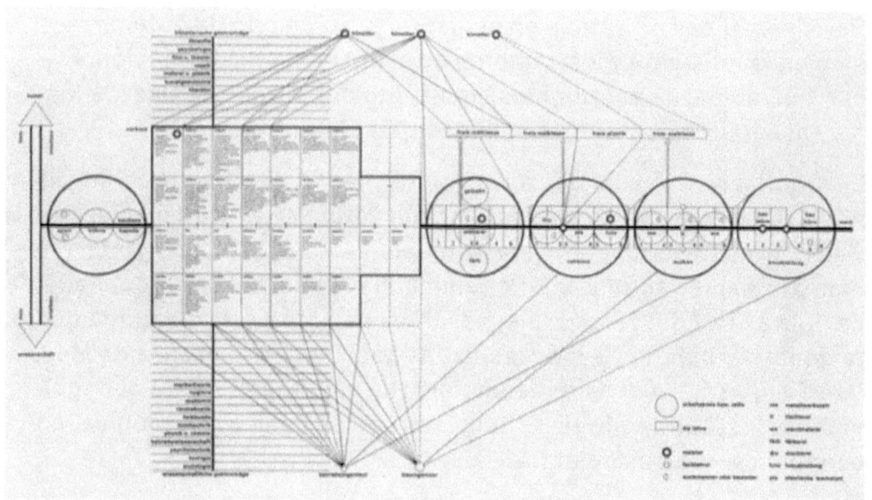

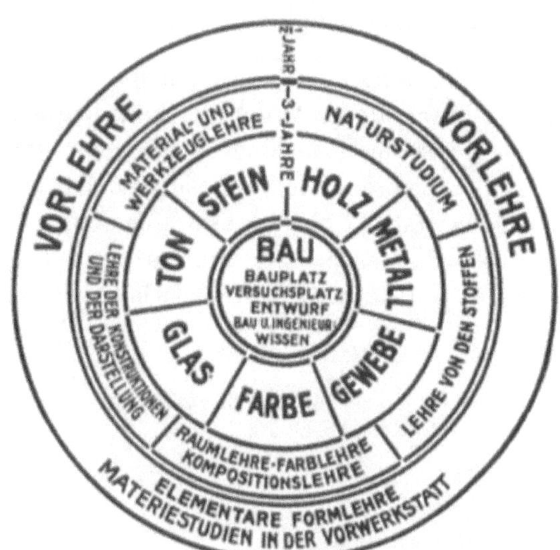

Hannes Meyer: esquema diagramático de 1930 explicando la organización docente de la Escuela de la Bauhaus. Gropius (¿?): diagrama de enseñanzas de la Bauhaus en 1923.

central –construcción– orlado por un anillo de oficios.[15] Metafóricamente: profesión desplaza a gremios.

Pero lo esencial no estaba en el diagrama –un modo de organizar– sino en la intención y los cambios de la docencia y la formación. El cambio radical de paradigmas impulsado por Meyer desplazaba los muy asentados y auto referenciados paradigmas previos.

La arquitectura dejaba de ser arte para pasar a ser construcción, de ser la realización de un sentimiento individual a ser acción colectiva; y su convicción cooperativista, evolucionada a filosofo marxista igualitario (como se autodefinió)[16] cambiaba el papel del arquitecto que de guía avanzado, vanguardia, pasaría a ser intérprete científicamente racional del hábitat y las necesidades sociales. Pero el cese de Meyer interrumpió sus planes de "cambiar toda la infraestructura pedagógica del instituto y diluirla en una instrucción básica sociológica, una económica y una psicológica".[17]

Estaba en sus escritos[18] y lo resumió tras ser despedido en su intensa carta de réplica al burgomaestre Hesse:

> "En mi calidad de director de la Bauhaus combatía el estilo de la Bauhaus. Lo combatía en sentido constructivo basándome en mis teorías
> [...]. Construir no es una obra emocional del individuo, sino una acción colectiva. Construir es la organización social, psíquica, técnica y económica de los procesos vitales. Construir es una demostración filosófica
> [...]. Enseñé a los estudiantes la conexión entre construcción y sociedad, el camino que conduce de la intuición formal a la investigación científica

---

[15] Palabras clave en torno al núcleo del esquema de enseñanzas de la Bauhaus, de 1923: madera, metal, tejido, color, vidrio, sonido, piedra.

[16] MEYER, H. (s.f).

[17] DROSTE. M. (2002).

[18] MEYER, H. (1926). En El Nuevo Mundo:
"Es nuestra misión dar una nueva forma a nuestro nuevo mundo con los medios de hoy. [...] la cooperación gobierna el mundo. La comunidad gobierna al individuo."
Y en Construir:
"Construir no es un proceso estético. La arquitectura como 'acto emocional del artista' no tiene justificación. [...] El diagrama funcional y el programa económico son los principios determinantes del proyecto de la construcción".

en el campo de la construcción, y la exigencia de anteponer las necesidades populares al lujo. Les enseñé a despreciar la ambigua variedad de las realidades idealistas y aspiré con ellos a la única realidad accesible de la mensurabilidad, de la visibilidad, de la ponderabilidad. [...] Tenía mi propia concepción y la sostenía de la manera más explícita posible."[19]

La Bauhaus de Meyer no quería limitarse a enseñar. Extendió la docencia a la práctica completa y organizó equipos de trabajo verticales –brigadas– que colaborarían activamente en el proyecto y ejecución de construcciones reales percibiendo en lo posible honorarios por su trabajo, lo que además de complementar la financiación aportada por la ciudad de Dessau facilitaría el ingreso de alumnos de todas las clases sociales y la proletarización de la Bauhaus.[20] En esas construcciones, más incluso que en los textos, están la demostración material de los nuevos paradigmas y el código de un modo de hacer basado en el exigente sometimiento funcional, la verdad constructiva y el ideal cooperativo.

EDIFICIO DE LA CONFEDERACIÓN ALEMANA DE SINDICATOS, ADGB

Prácticamente coincidiendo con el nombramiento de Meyer como director de la Bauhaus, a finales de abril de 1928, la Confederación

[19] MEYER, H. (1930 a).

[20] MEYER, H. (1930 a).
"En el último año de actividad se han pagado 32.000 marcos de salarios a los estudiantes, cosa que ha permitido que incluso los proletarios tuviesen acceso a la Bauhaus".
MEYER (1940). En 1930, la ciudad aportaba 150.000 y los talleres obtuvieron 128.000 marcos.
"Cada grupo de trabajo utilizaba su parte proporcional de beneficios brutos [...] El profesor responsable recibía entre el 10 y el 15 por ciento. [...] El centenar de estudiantes que participaban [obtenía aproximadamente] el 35 por ciento de sus gastos. [...] Crecía cada vez más el número de estudiantes procedentes de todas las clases sociales".

General Sindical Alemana, ADGB –"Allgemeiner Deutscher Gewerk-
schaftsbund"– que favorecía el movimiento cooperativo, convocó un
concurso para una escuela nacional de formación sindical. Lo ganó el
proyecto presentado por Hannes Meyer y Hans Wittver. El edificio se
financió con aportaciones de los cuatro millones y medio de miembros
del sindicato, a razón de medio penique cada uno.[21] Era un encargo de
gran escala que permitía llevar a la práctica la idea de una arquitectura
Co-op. Pese a ser encargo privado Meyer y Wittver lo incorporaron al
quehacer de los talleres Bauhaus.

Sobre un terreno holgado, en ladera y frente a un pequeño lago, el edificio aprovecha la pendiente para crear por yuxtaposición una cadena
de piezas y bloques –especializados e individualmente identificables–
cuya secuencia y disposición es de hecho un diagrama analítico de las
necesidades y relaciones funcionales interpretadas con conceptos
cooperativos. La escuela sindical ADGB, concebida para estancia de
mediana duración de hasta 120 sindicados, los aloja por grupos cooperativos de diez personas, en cuatro bloques iguales, de tres plantas,
con cinco dormitorios dobles por planta, un pasillo común, escalera
en un extremo y aseos al otro. Algebra exacta: 4 bloques, tres plantas,
cinco dormitorios, dos personas: $4 \times 3 \times 5 \times 2 = 120$. La función residir
se completa con un quinto bloque de dormitorios individuales para
el personal del centro y una serie semi-exenta de vivienda bajas para
profesores, al modo de las viviendas de profesores en la Bauhaus.

Las funciones colectivas completan esa secuencia: aulas y gimnasio
en un extremo; acceso, salón de actos, refectorio y dependencias en el
otro. Para hacer de las distintas piezas un conjunto, una galería acris-
talada, tangente a todo y abierta al paisaje hace la función de cordón
de atado, da acceso y comunica entre sí todas las piezas y asciende y
rodea en su extremo la planta segunda del bloque de aulas y gimnasio.

Volumétricamente las piezas se adosan, no hay maclas ni otros dispositivos formales. La forma y la presencia edificada traducen directamente

---

[21] BORRA, B. (2013), pág. 3.
"El cliente apoyaba las decisiones de Meyer e incluso la construcción fue financiada por
cuatro millones y medio de miembros sindicales, que contribuyeron a razón de medio
penique per cápita."

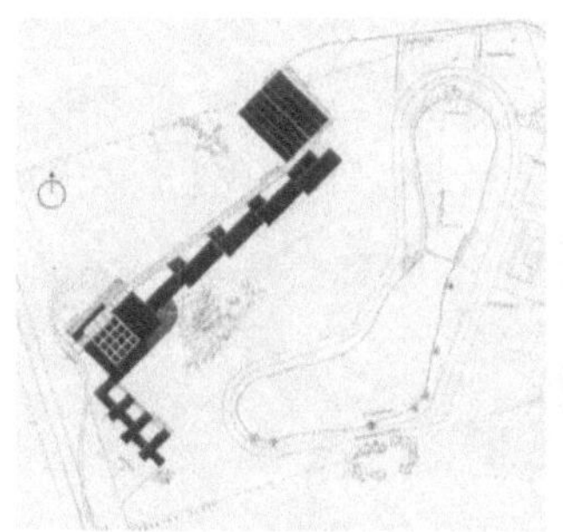

Hannes Meyer, Hans Wittver. Escuela Sindical ADGB, 1928-1929. Planta de situación.
Fotografía aérea.

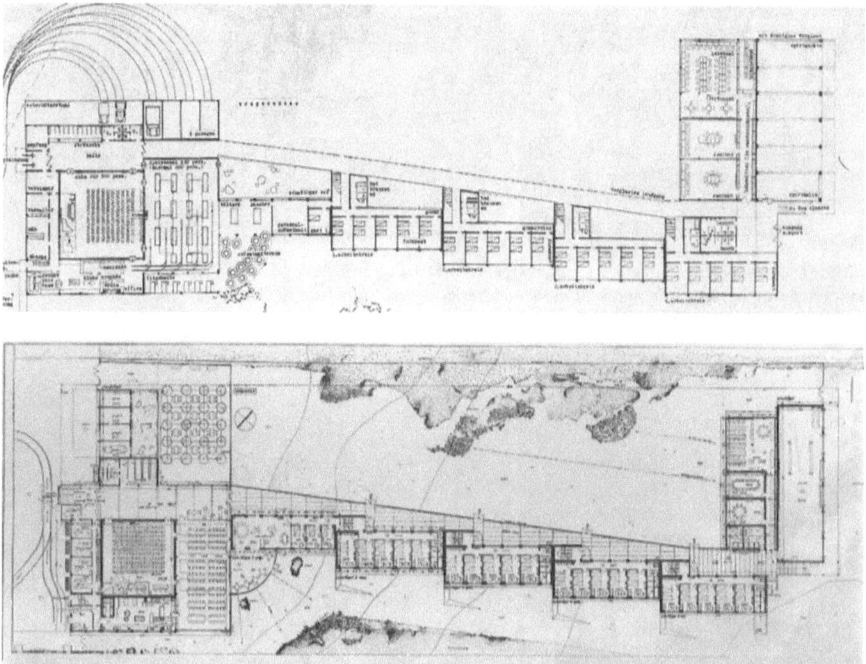

Hannes Meyer, Hans Wittver. Escuela Sindical ADGB, 1928-1930. Planta general de los
proyectos inicial y final (no figuran las viviendas de profesores, al sudoeste).

Hannes Meyer, Hans Wittver. Escuela Sindical ADBG, 1928-1930. Fachada noroeste: aseos escaleras y galería. Fachada sudeste: dormitorios.

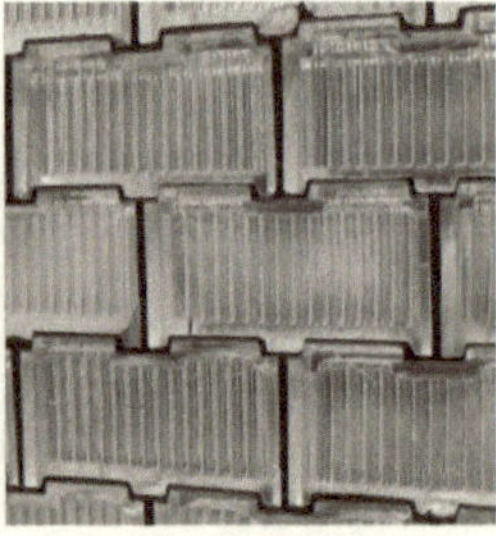

Hannes Meyer, Hans Wittver y equipos de trabajo Bauhaus, 1928-1930. Refectorio. Detalle de instalaciones y carpintería metálica en corredor de dormitorios. Detalle del frente de aseos en fachada, pavés.

Escuela Sindical ADGB, galería exterior ascendiendo en zona de aulas. Petersschule, maqueta (1980) de la versión revisada de 1928.

Escuela Sindical ADGB. Acceso principal. 1930.

el contenido de cada bloque y lo expresan mostrando los elementos y los materiales con los que se construyeron: estructuras de hormigón, fachadas de ladrillo, carpinterías, pavés de vidrio en los frentes de los aseos, leve inclinación de las cubiertas... Lejos de buscar superficies lisas que esconden su construcción bajo la tersura del revoco blanco, el edificio de la ADGB muestra sin disfraz la presencia, el color y la textura de sus materiales: exactitud de fábricas y aparejos; estructuras de hormigón vistas; cableado e instalaciones sin empotrar y ordenadamente dispuestos. Lección de exigencia en el detalle pues todo cuenta. De nuevo, seriación, la igualdad de lo igual y la diferencia de lo distinto. No busca estilo o forma, busca la belleza de la verdad constructiva.

Fiel a la idea del arquitecto como organizador más que como protagonista, Meyer formó equipos de trabajo, integrados por alumnos de la Bauhaus dirigidos por profesores, que intervinieron directamente en el diseño de detalles constructivos, mobiliario e instalaciones y en la supervisión detallada en obra. Resultado: construcción precisa y exacta.

La igualdad de lo igual invitaba a repetir soluciones previas o ecos de proyectos en los que pulsaron inquietudes afines. No sorprende por

tanto que las galerías adosadas a las fachadas de la versión revisada
de la Petersschule reaparezcan, casi idénticas, en el pabellón de aulas
y gimnasio del edificio ADGB dibujando sobre el rigor de los bloques
el trazo voluntarista del constructivismo.

Pero si sorprende que, en el frente de acceso y con aires de Nueva
Objetividad superada, tres incongruentes grandes pilastras exentas
(en realidad chimeneas), adosadas a un rotundo volumen prismático y
precedidas de mástiles y pendones ondulando al viento, pretendan ser
pórtico ilusorio de bienvenida y dar al edificio un carácter simbólico
de monumento al cooperativismo institucional,[22] ¿evocando tal vez la
seria formalidad de la sede cooperativa de Freidorf?

Puede que por trabajar con un programa complejo de escalas y funciones muy distintas, o por la rapidez de proyecto y ejecución, o por el
carácter experimental, para todos, del método proyectual Co-op, o por
concesiones al cliente, o por otras razones, el edificio para la ADGB
no llegó a ser tan nítido y coherente como se propuso.

Decisiones que parecían firmes en el proyecto inicial perdieron fuerza
y claridad en la ejecución. En los pabellones de dormitorios, las escaleras y los aseos, en lugar de agregarse en una pieza compacta adosada a la fachada trasera sin interferir, se dividieron en escalera adosada
a la fachada trasera y aseos cuyos frentes situó en la fachada principal, alterándola. Debido al cambio de accesos los cinco dormitorios
de cada planta dejaron de ser idénticos. La galería de comunicación
diluyó su cara interior y se deformó en espacio ambiguo para adaptar-
se a los retranqueos y accesos a dormitorios, perdiendo su condición
de elemento auto afirmativo, estrictamente lineal y exento. La forma y
carácter del jardín de invierno osciló de un proyecto a otro. Como el
refectorio hubo de reducir su anchura y aumentar su longitud, el jardín
de invierno en lugar de ser envolvente ajardinada de una conexión fluida entre refectorio y estancia terminó siendo un pequeño y testimonial
segmento de círculo adherido a ambos.

[22] DROSTE, M. (2002), pág. 196 y nota 119. Sobre el carácter simbólico del acceso:
"En círculos sindicales se las caracterizaba como los tres pilares del movimiento obrero:
cooperativa, sindicato, partido".

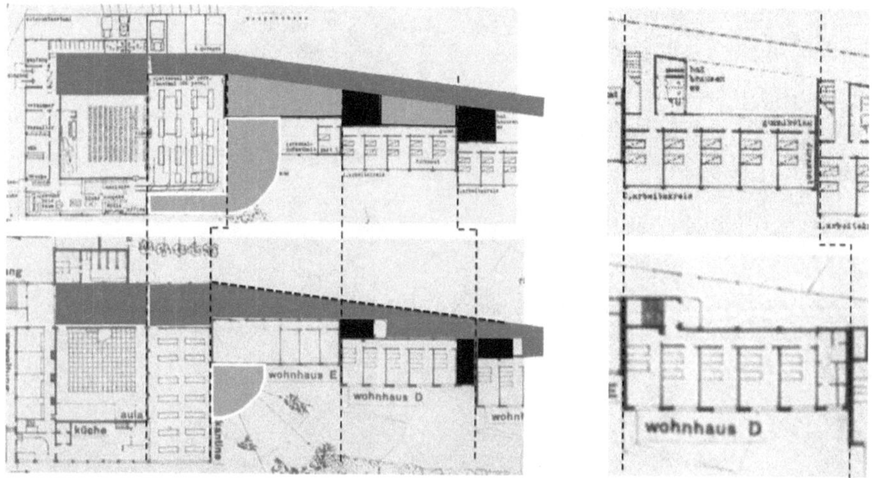

Escuela Sindical ADGB, 1929 -1930. Cambios entre proyectos inicial (arriba) y final en la zona de pabellones-dormitorio.

El edificio ADGB fue un ensayo con todo que, pese a sus concesiones formales y a mantener aun ciertos rasgos compositivos tradicionales, sirvió de base y origen para el proyecto Bauhaus que vino después: ordenación y viviendas en el Törten siedlung, Dessau.

UN INCISO: BANCO ADGB

Mientras desarrollaba el proyecto de escuela sindical y sus otras actividades en la Bauhaus, Meyer recibió de la ADGB el encargo privado para un proyecto en Berlín destinado a oficinas y dependencias bancarias para trabajadores, empleados y funcionarios, sobre una manzana alargada paralela a la ribera sur del Spree. Meyer elaboró este proyecto, no ejecutado, como encargo privado, al margen de la dinámica Co-op y de la Bauhaus.

El programa funcional, simple y prefinido, y los tipos de usuarios (público, directivos, empleados y funcionaros) eran en cierto modo

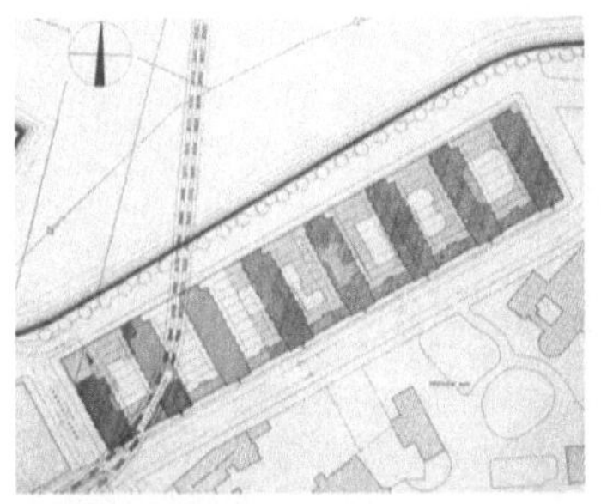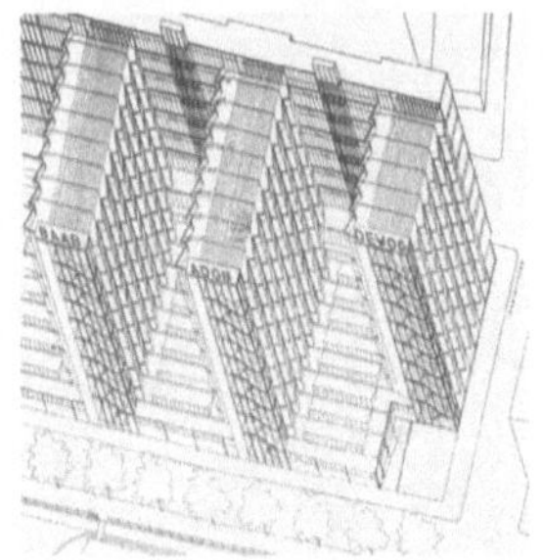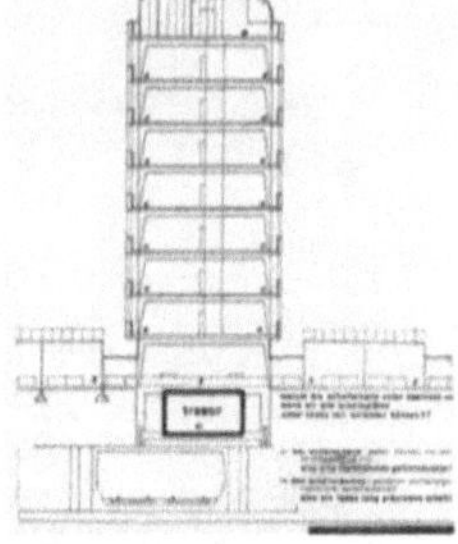

Hannes Meyer. Proyecto para oficinas y banco ADGB, Berlín, 1929. Planta de situación. Axonometría. Sección.

similares a los del conjunto de oficinas de la sede para la Sociedad de las Naciones; y Meyer utilizó el mismo método de análisis y definición de elementos, la misma estrategia de diagrama de relaciones, el mismo modo de agregar funciones en bloques y de ultimar el proyecto mediante yuxtaposición de bloques.

Propuso construir un conjunto en peine formado por: una estrecha banda longitudinal de servicios y comunicaciones en el lado sur de la manzana; ocho bloques de oficinas, paralelos y equidistantes, adosados perpendicularmente a la banda de comunicaciones; y siete piezas de poca altura y luz cenital, accesibles al público, ocupando en planta baja el espacio entre bloques.[23]

Debido a la altísima densidad de ocupación y a la posición del edificio frente al río y la ciudad, para resolver el tema clave de iluminar todo y dar vistas a las zonas de trabajo Meyer también extrapoló soluciones ensayadas en su proyecto para la Sociedad de las Naciones. Modula y acristala totalmente las fachadas de los ocho bloques plegándolas en diente de sierra para crear una superficie quebrada cuyos salientes

---

[23] La solución en peine utilizada por Meyer para el banco ADGB en 1929 es tipológicamente similar a la presentada poco antes por Hans Schmidt y Paul Artaria para el concurso para la Biblioteca Cantonal de Berna en 1927. Ver en CHICO J. F. "Hans Schmidt y la construcción de la ciudad moderna", <https://upcommons.upc.edu/>.

permiten que los despachos miren hacia el rio y la ciudad. Cubre los cuerpos bajos (áreas de público) con lucernarios en diente de sierra completados con bandas planas de pavés (análoga solución a la de la cubrición del refectorio en la escuela sindical). Y al igual que en la Sociedad de las Naciones modula plantas y alzados, limita el repertorio de elementos a utilizar y hace de la construcción montaje.

La sección de los bloques de oficinas también habla de repetir elementos. Su estructura se forma por superposición de pórticos de hormigón acartelados, de idéntico perfil y grandes luces, que muestran en fachada el canto de sus caras exteriores. Las plantas, sin pilares, se ocupan con series de despachos que coinciden con el ritmo de pórticos.

El proyecto era grande y no simple pero no hubo en él avances. Aportó experiencia pero no produjo o innovaciones teóricas o proyectuales. Fue un interludio de oficio.

ORDENACIÓN Y BLOQUES DE VIVIENDAS EN EL TÖRTEN SIEDLUNG, DESSAU

Al margen de aquél interludio, casi coincidiendo con el proyecto de la Escuela Sindical AGDB, en 1928 el ayuntamiento de Dessau encargó a la Bauhaus, como tal, el proyecto de ordenación urbana y construcción de viviendas en la ampliación del Törten siedlung, en la periferia sur de la ciudad; segunda fase de una actuación previa proyectada y desarrollada por Gropius de 1926 a 1928.

En contraste con el trazado de rasgos ciudad jardín de la primera fase, Meyer diseñó una ordenación ortodoxamente racional basada en una retícula ortogonal de manzanas estrechas y muy alargadas en dirección norte sur, separadas del viario principal por una seriación de bloques paralelos. La ordenación de todas las manzanas era prácticamente idéntica: tiras ininterrumpidas de viviendas unifamiliares alineadas en los dos frentes largos, y un único bloque colectivo de tres plantas con viviendas orientadas al sur en uno de sus testeros, situados alternativamente en los extremos norte y sur. El ideal cooperativo –lo mismo para los mismos– le llevó a utilizar el mínimo de variantes: un único

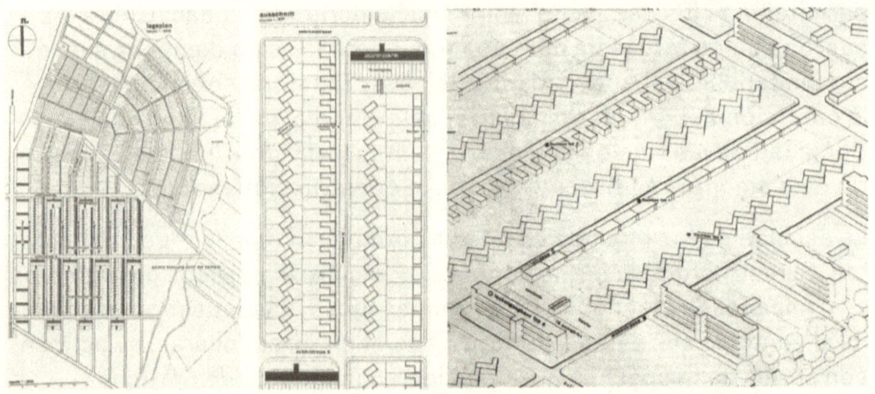

Hannes Meyer y taller de construcción Bauhaus. Ampliación del Törten siedlung, Dessau, 1929.
Ordenación general. Detalle de manzana. Fragmento de axonometría descriptiva.

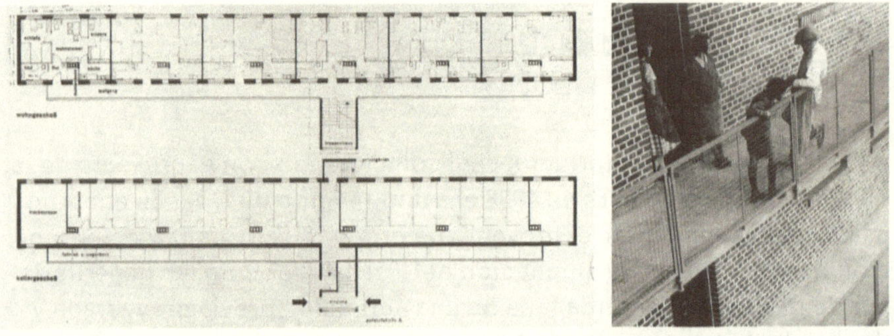

Hannes Meyer y taller de construcción Bauhaus, 1929. Bloques de viviendas en el Törten
siedlung, Dessau. Plantas tipo y semisótano. Galería de accesos.

tipo, o modelo, de bloques en altura y solo tres de viviendas en hilera.
Debido a la Gran Depresión solo se llegaron a construir cinco de los
veintiún bloques previstos, y ninguna de las viviendas unifamiliares.

Los criterios establecidos por Meyer en Construir presiden el diseño. Son
cinco bloques iguales de viviendas no de autor diseñadas en régimen

Hannes Meyer y taller de construcción Bauhaus, bloques de viviendas en el Törten siedlung, Dessau, en 1930. Fachada-viviendas. Fachada-galerías y escaleras.

Bloque de viviendas Törten tras rehabilitación, estado actual. (2016). Fachada-viviendas. Fachada-galerías y escaleras.

Co-op por equipos Bauhaus, con Meyer como organizador, para el pueblo y desde el análisis funcional y económico. Nada es superfluo y todo persigue el mismo fin: "ser la organización consciente de los procesos de la vida".[24]

Todas las plantas de vivienda constan de seis viviendas iguales a las que se accede mediante el dispositivo más eficaz: un prisma de esca-

[24] MEYER (1928 b).

Bloque de viviendas Törten tras rehabilitación, estado actual. (2016). Acceso. Testero ciego (arriostramiento horizontal). Detalle del apoyo por hiladas del plano inclinado de cubierta.

leras exentas da acceso a galerías exteriores cubiertas que además sirven de lugar de encuentro. Cada bloque tiene un semisótano de trasteros y cuartos de bicicletas, y una pequeña dependencia exterior par lavandería. En palabras de Meyer: "nos preocupamos en saber cómo las diferentes familias usaban el espacio vital a su disposición, logando así una mejor precisión de la noción de cédula habitable".[25]

Los bloques traducen al exterior su lógica estructural. La relación entre huecos y llenos en fachadas permite un perímetro de muros de ladrillo que soportan, planta a planta y sin pilares, forjados que se prolongan en un costado para formar la galería en voladizo. Sus cantos vistos subdividen el bloque en bandas horizontales (igual secuencia que en la construcción); y como los huecos de ventanas y accesos llegan hasta las losas, los forjados substituyen a los dinteles: función por economía.

Su construcción directa, económica y racional pone en valor las características y el papel estructural del apretado repertorio de materiales utilizados: ladrillo, hormigón visto, pavés en el frente de escaleras y carpinterías moduladas en huecos y barandillas. No hay más lujo que el de los materiales comunes ni más ornato que la buena ejecución de la obra.

[25] MEYER (1940).

Los bloques Törten no son "estilo Bauhaus". Sus formas y su textura no buscan efecto estético preconcebido ni línea de diseño con etiqueta de marca. No son un deseo, son un resultado. Su lección no está en cómo son, está en la demostración de una manera de hacer arquitectónica e ideológicamente comprometida: "en vez de piezas costosas una producción estandarizada para satisfacer las exigencias de las masas".[26] Importa lo que significan, su realismo sucio que nada esconde; la valoración verdadera del proceso de hacer, del pensar previo colectivo, de la arquitectura expresivamente muda; sin maestros.

EXIT 1

Meyer estaba consiguiendo llevar a cabo en la Bauhaus los cambios que había anunciado, pero no pudo evitar o no anticipó o minusvaloró las fricciones y antagonismos internos y externos que habían de surgir; muchos y por distintas causas.

La conversión de los talleres artísticos en clases libres con menos presencia docente y más orientación técnica provocó el resentimiento de los maestros artísticos que no abandonaron la Bauhaus y habían decidido continuar tras la dimisión de Gropius.[27] La sustitución

[26] MEYER, H. (1931).

[27] Con la dimisión de Gropius, dejaron la Bauhaus Herbert Bayer, Marcel Breuer y László Moholy-Nagy. De quienes se quedaron los que más se opusieron a los cambios introducidos por Meyer fueron Klee, Albers y Kandinsky. El primero se quejaba de que la orientación técnico-productiva desvirtuaría su enseñanza y haría necesaria la ayuda de máquinas y operarios y en 1930 anunció su salida de la Bauhaus. Los segundos llevaron sus quejas al conservador del Museo Regional, el doctor Ludwig Grote.
MEYER, H. (1940 b):
"Una pequeña parte de los grandes maestros de la Bauhaus tuvieron la sensación de ser excluidos por un método creador que se basaba en la ciencia".
VEGA, E. (2009), pág. 6:
"Aunque reestructuró el curso preliminar para incluir clases de Kandinsky, Klee y Schlemmer, los artistas perdieron toda influencia, las clases de pintura se convirtieron en una actividad libre al margen de la enseñanza regular".

del proyecto de arquitectura (de autor) por la de organizador de la
construcción (colectivo) chocó con la auto- imagen profesional o
las aspiraciones de parte del alumnado, la profesión y la crítica. El
tránsito del cooperativismo al marxismo y la creciente presencia e
influencia de comunistas entre miembros de la Bauhaus[28] agudizaron
la contradicción política con el gobierno local, del PSD, temeroso de
ser tildado de izquierdista en el contexto de una Alemania que mar-
chaba hacia la derecha extrema. Los cambios de orientación teórica,
contenidos y compromiso social impulsados por Meyer más sus críticas a la anterior etapa de la Bauhaus provocaron la animadversión,
por no decir enemistad abierta del propio Gropius que, como que-
daría patente, además de estar en total desacuerdo lo veía en clave
personal. Bastarían un chispazo y un pretexto para que ese cóctel de
tensiones detonase.

El chispazo saltó el 5 de mayo de 1930 en una reunión convocada (a
iniciativa propia y por quejas de Albers y Kandinsky) por el director del
Museo Regional, Ludwig Grote, a la que asistieron el burgomaestre
Hesse y el director Meyer, al que acusaron de haber politizado desleal-
mente la institución.[29] Y el pretexto lo proporcionó la colecta por estudiantes comunistas de la Bauhaus y la donación por Meyer de ayudas
económicas a una huelga de mineros en Mansfield; y lo reforzó el que
poco antes las autoridades de Dessau habían exigido a Meyer que
terminase con la agitación comunista en la Bauhaus[30] y no se habían
dado por satisfechos con que se limitase a expulsar a uno de los principales activistas y prohibiese el retorno en el siguiente curso a otra
veintena de estudiantes. En ese contexto de tensión y enfrentamiento,
el 29 de julio el burgomaestre Hesse sugirió a Meyer la dimisión, y sin
mediar más palabras dos días después, el 1 de agosto, ya en período
vacacional, le comunico el despido.

[28] DROSTE, M. (2002), pág. 198-199.

[29] DROSTE, M. (2002), pág. 199: Según el burgomaestre: "Meyer declaró [...] ser filosó-
fico-marxista, y que su ideología influía en este sentido en el trabajo de la Bauhaus". Y
según Meyer: "Aunque salieron a discusión puntos contrarios a la apreciación de mi trabajo, en ninguna forma se me dio a entender que mi inmediata dimisión estaba en mente".

[30] VEGA, E. (2009), pág. 6.

Meyer respondió el 16 de agosto con una carta abierta al alcalde de Hesse, Mi Expulsión de la Bauhaus, publicada en el periódico berlinés de izquierdas *Das Tagebuch* (El Diario); pero sus argumentos –docentes, técnicos, sociales y de eficacia– solo valieron para, mediante tribunal de arbitraje, convertir el despido en dimisión pactada. El 1 de noviembre cesó como director y abandonó la Bauhaus.

CUARTO ACTO: METAMORFOSIS. MEYER EN LA URSS

"VOY A TRABAJAR A LA UNIÓN SOVIÉTICA"

Pocas semanas después de dimitir como director, Meyer cerró su estudio en Berlín y antes de fin de año –al igual muchos otros arquitectos, ingenieros y técnicos–[1] junto con una brigada voluntaria de ex Bauhaus[2] se trasladó a Moscú invitado por la Unión Soviética. Iba para ayudar en el desarrollo del primer plan quinquenal, 1928-1932,[3] que preveía la ampliación o creación por todo el territorio de la URSS de más de cien ciudades nuevas. Meyer tenía un motivo político: "Voy a trabajar a la Unión Soviética donde se está desarrollando una verdadera cultura proletaria, donde ha nacido el socialismo, y por la cual [...] hemos luchado".[4] Pero sus experiencias previas sugieren que, además de contribuir al desarrollo de un estado socialista, Meyer veía en la URSS el contexto idóneo donde impulsar las ideas y los

[1] MEYER, H. (1943):
"En un mismo día de octubre de 1930, dos vagones repletos de urbanistas viajaron de Berlín a Moscú. 100, 500...?"
KOOP, A. (1990):
"Al invitar la URSS a especialistas extranjeros –que no habían participado en las discusiones de 1928-1929 [sobre urbanismo y desurbanismo], las autoridades soviéticas tuvieron que cortar el debate y comenzar a aplicar nuevos principios de planeamiento urbano. [...] Al considerar a qué arquitectos invitar, excluyeron [a los que] diseñaban edificios 'únicos' para programas de prestigio. En su lugar seleccionaron arquitectos cuyos proyectos servían para la producción en masa y viviendas en masa, que pareciesen entender las necesidades y objetivos de plan quinquenal, y que defendían una arquitectura no para unos 'felices pocos' sino para las masas".

[2] TOMITA, H. ISHII,M. (2014), pág. 49:
"Meyer, con siete excepcionales estudiantes de la Bauhaus formaron la Brigada Bauhaus: René Mensch, Konrad Püschel, Tibor Weiner, Antonin Urban, Klaus Meumann, Bela Scheffler y Philip Tolziner. [...] En 1932 Meyer disolvió la Brigada Bauhaus."
HERVAS Y HERAS, J. (2015), pág. 279. También acompañaron a Meyer: Lotte Besse, desde Checoslovaquia, durante un muy breve período; y Lena Berger, como diseñadora textil, que ya no se separaría de Meyer.

[3] GRAVAGNUOLO, B. (1998), pág. 277:
"Entre finales de los años veinte y principios de los treinta llegan a Rusia Ernst May (junto con una veintena de técnicos de la Neue Frankfurt), Hannes Meyer (con un grupo de colaboradores de la Bauhaus), Martin Wagner (y otros arquitectos berlineses), Hans Schmid (suizo) y, además, el holandés Mart Stam, el francés André Lurcat y muchos otros"...

[4] MEYER, H. (1930 b).

cambios ensayados contra corriente en Dessau y un frente de trabajo coherente con sus convicciones.[5] Sus motivos, fuesen cuales fuesen, importan pero no explican ni el antes ni el después.[6]

FUNCIONALISMO Y POLÍTICA: UNA INTERPRETACIÓN[7]

Bastante antes de ir a la URSS, cuando completó el Freidorf siedlung, Meyer escribió dos extensas descripciones de lo allí hecho y de sus

[5] MEYER, H (1931): escribiendo en tercera persona:
"Meyer y un grupo de sus más estrechos colaboradores se trasladaron a la Unión Soviética para contribuir con su aportación a la edificación de las nuevas ciudades de estructura socialista".

[6] KOOP, A. (1990). Koop comenta algunas de las posibles razones que motivaron la ida a Rusia de tan gran cantidad de arquitectos y técnicos: en primer lugar, ideas compartidas sobre el papel de la arquitectura como instrumento de transformación social; y, además, los efectos de la depresión económica de 1929; la subida de Hitler al poder, la ascendencia judía de algunos de ellos y el anti judaísmo, la creencia en que en la URSS podrían desarrollar los principios del movimiento moderno y la naturaleza y estructura social de su clientela potencial.

[7] Grupos e instituciones mencionadas en este epígrafe.
ASNOVA, "Assotsiatsia Nóvij Arjitéktorov" (Asociación de Nuevos Arquitectos). Fundada en 1923 por Nikolay Ladowsky, entre sus miembros más destacados estuvieron El Lissitzky y (hasta 1925) Konstantin Melnikov. Se auto disolvió en 1932. Más formalista que estrictamente funcionalista, defendía que las propiedades del arte y las formas abstractas interpretadas desde la psicotecnología tenían efectos directos en quienes utilizaban o percibían el edificio y podían utilizarse ideológicamente.
OSA, "Obyedinenie Sovreménnij Arjitéktorov" (Unión de Arquitectos Contemporáneos). Fundada en diciembre de 1925 como segregación de ASNOVA por, entre otros, los hermanos Victor y Alexander Vesnín (su primer presidente), Moiséi Gínzburg, Konstantín Mélnikov e Iliá Gólosov. Más comprometida con el movimiento revolucionario socialista, acentuaba la importancia del contenido funcional, la producción y la maquina menospreciando la búsqueda expresa de contenidos artísticos. Publicó entre 1926 y 1931 la revista S.A. "Sovreménnaya Arjitektura" (Arquitectura Soviética).
VOPRA, "Vsesoyúznoye Obyedinenie Proletárskij Arjitéktorov" (Unión pan Rusa de Arquitectos Proletarios). Fundada en 1930 por Arkady Mordvinov, Karo Alabyan y Alexander Vlasov; pasó a ser utilizada por el Estado para controlar la arquitectura oficial frente a la promovida por grupos o asociaciones constructivistas, ASNOVA, OSA... en 1932. Se integró en la Unión de Arquitectos Soviéticos, SSA.
SSA: Unión de Artistas Soviéticos. Fundada en 1932 por decreto del Comité Central del Partido Comunista, desplazó o absorbió todos los demás grupos.

intenciones y razones. En ambos textos remitía el concepto de función al equivalente de un programa doméstico convencional ligeramente ampliado, como dando por hecho que una casa era una casa: respuesta a un paradigma estable y conocido que no se cuestionó. Lo cuestionaría algo después en su escrito El Nuevo Mundo, 1926, ampliando el contenido del proyecto para incluir en él el propósito, o función, global del edificio y las demandas o programa que eso implicaba.[8] Y ya en la Bauhaus, 1928, en su texto "Construir" añadía como función el atender a aspectos sociales y psicológicos: "construir sólo es organización: organización social, técnica, económica y también organización psicológica".[9] Esta deriva, y en especial los añadidos social y psicológico, no es casual y ayuda a entender o al menos intuir porqué Meyer transitó de defender el funcionalismo técnico y constructivo radical a aceptar en poco tiempo las directrices estalinistas del Realismo Socialista.

La pretensión de Meyer de conseguir en la Bauhaus que la forma de objetos o edificios fuese consecuencia casi directa de un análisis-técnico-racional cooperativo y respuesta exacta a las necesidades y aspiraciones de sus destinatarios era una quimera.[10] Lo aportado por

VkHUTEMAS, "Vysshiye Khudozhestvenno-Tekhicheskiye Masterkiye" (Talleres de Enseñanza Superior del Arte y de laTécnica). Escuela estatal de arte y técnica fundada en Moscú en 1920. Talleres artísticos de gráfica, escultura y arquitectura; talleres industriales de imprenta, textiles, cerámica, madera, y metal. Disuelta en 1930.
WASI: Instituto Superior de Arquitectura y Construcción. Creada en 1930 por organización-fusión de diversas instituciones preexistentes (Departamento de Construcción y Arquitectura de la Universidad SuperiorTécnica de Moscú, procedente a su vez de otras, y Facultad de Arquitectura de Moscú) y dependiente del Comisariado Popular de la Industria Pesada. Centrada en cumplir las metas de producción impuestas por el primer plan quinquenal, al margen de cualquier vinculación con el Arte.

[8] MEYER, H. (1925). Meyer identifica propósito con función global o razón de ser del edificio –"arte es composición, propósito es función"– y al hablar de la Nueva Arquitectura dice: "La nueva arquitectura se basa en el propósito del edificio. La formas resultan de las demandas y las circunstancias; se convierten en expresión del propósito, la construcción, los materiales".

[9] MEYER, H. (1928).

[10] DAL CO (1972), pág. 51:
"Cada vez más comprometido más radicalmente, tanto en la escuela como en el trabajo, Meyer sigue pidiendo a la sociedad un programa, una racionalidad más alta".

tanto análisis no cerraba las decisiones sobre forma construida y lenguaje arquitectónico, y en ningún caso pudo Meyer dialogar realmente con el colectivo al que irían destinados sus proyectos. Y así, ante la imposibilidad de dialogo cooperativo directo, recurrió a la psicología como instrumento con el que interpretar o anticipar la voluntad y el sentir de los futuros usuarios y traducirlo a decisiones técnicas y racionales de proyecto.

En el caso de edificios residenciales ese planteamiento, junto con mecanismos de encuestas y análogos, podría resolver el problema.[11] Pero en el caso de proyectos institucionales o proyectos urbanos no había sujeto y no había colectivo específico y por tanto no podía haber diálogo ni respuesta por teórica que esta fuese; lo más que podía haber eran hipótesis auto referentes generadas por el mismo grupo que las busca (cooperativo o no).[12] En este caso cabría aceptar que las directrices emanadas de instituciones o dirigentes social y políticamente legitimados –que teóricamente actuaban democrática y políticamente en nombre y a favor del pueblo– sustituyesen los resultados del diálogo imposible. ¿Quién mejor para ello que los máximos organismos colectivos de un estado socialista avanzado? Asumido eso, la misión del equipo cooperativo arquitecto-organizador consistiría en traducir esas directrices a decisiones de proyecto: "necesariamente el arquitecto es siempre un colaborador".[13] Pero las cosas no son tan simples.

La arquitectura y sus formas llevan consigo mensajes ideológicos de política de clases que pueden influir a favor o en contra de otros mecanismos de transformación social. La cultura oficial no lo ignora.[14] Limitarse a dar directrices o criterios equivale a delegar en el

---

[11] Meyer había utilizado encuestas en su proyecto de Friedhof.

[12] En los años 20 y 30 el concepto de participación pública directa no figuraba en el repertorio teórico profesional.

[13] MEYER, H. (1942).

[14] GROYS, B. (2011), pág. 44:
"La cultura estalinista no se dirigía a de-automatizar lo consciente sino en automatizarlo. Amoldarlo a sus deseos controlando su entorno, su base, su subconsciente, lo que no implica que los dispositivos relevantes estuviesen de algún modo ideológicamente ocultos a nivel de interpretación teórica".

intérprete arquitectura (y por ende arquitectos) la transmisión y el contenido último del mensaje, con el riesgo de pérdida de control e incluso de mensaje inverso (de la arquitectura a la política) que la URSS no quiso asumir,[15] como mostró el repudio soviético hacia la arquitectura moderna y constructivista. De ahí que pronto el mensaje oficial incorporase e incluso fuese sustituido por observaciones, instrucciones y decisiones directamente relacionadas con programas, contenidos, formas y estilos: el Realismo Socialista.[16]

Enfrentado a las contradicciones, y con inquebrantable confianza en la verdad emanada del pueblo y en la misión transformadora del socialismo real encarnado en la revolución de los sóviets e interpretado por el partido, Meyer cambió sus posturas previas de racionalidad funcional-constructiva e internacionalismo adaptándolas a la nueva realidad soviética y, al igual que muchos bolcheviques entusiastas,[17] pasó a defender la línea oficial.[18]

[15] GROYS, B. (2011), pág. 38:
"En el debate entre la vanguardia y el partido el tema no era si se debía o no utilizar totalmente el arte –ambos estaban de acuerdo en este punto– sino que tenía que ver con el alcance de los recursos y los medios artísticos sujetos a tal utilización. El reduccionismo de las vanguardias era un punto conflictivo porque si se implementase se privaría al partido, en primer lugar, de los medios disponibles en el arte clásico para influenciar al individuo y la sociedad; y, en segundo lugar, e incluso peor, dejaría en efecto el arte tradicional [...] bajo el total control de los burgueses".

[16] TOMKINS, D. (2013), pág 17:
"En abril de 1932 los líderes soviéticos disolvieron las muchas diferentes asociaciones artísticas, cuando cada disciplina artística pasó a estar eventualmente centralizada en su propio sindicato general. El Realismo Socialista se articuló en este contexto. Stalin y los líderes culturales como Maxim Gorky formularon ese término en la primavera de 1932, y en una reunión en octubre establecieron sus principios. Fue proclamado arte oficial soviético en el Primer Congreso Pan-Unión de Escritores Soviéticos en 1934. [...] y su método como un modo de describir la realidad en su desarrollo revolucionario [...] combinado con remodelar ideológicamente la educación de los trabajadores en el espíritu del socialismo".

[17] SERVICE, R. (1997), págs. 194, 195.
"Muchos miembros jóvenes del partido y del Komsomol [organización juvenil del partido comunista] respondieron con entusiasmo a la propaganda. La construcción de ciudades minas y presas era un proyecto enormemente atractivo para ellos. [...] Idolatraban a Stalin [...] y pensaban de sí mismos que eran agentes del progreso para la sociedad soviética y para el conjunto de la humanidad".

[18] KOPP, A. (1967), págs. 99 y sig. Dadas las diferencias en los planteamientos de fondo que, respecto de las relaciones entre arquitectura, responsabilidad social, forma, función,

Asumir la validez política del mensaje ideológico oficial y aceptar que reforzarlo y transmitirlo debía ser uno de los propósitos esenciales de la arquitectura socialista justificaba el incorporarlo al análisis racional como función psicológica. Permitía mantener (por la vía de ampliación de funciones y con el grado de convicción que se le atribuya) una apariencia de coherencia con, o no renuncia a, sus planteamientos funcionalistas.[19]

Con esa cadena de argumentos era posible racionalizar que la interpretación ideológico-política de la arquitectura y la ciudad socialista correspondía a los organismos oficiales del partido, y que sus directrices e instrucciones representaban una realidad otra, más certera, cuya interpretación debía integrarse en el proyecto como función inmaterial.[20] En el caso de Meyer la toma de posición estuvo precedida por su rechazo al individualismo formalista que, en su opinión, dominaba la experiencia constructivista de ASNOVA y OSA y la docencia de VkHUTEMAS[21] en los que veía el mismo tipo de actitudes elitistas-artísticas sin verdadero compromiso social que había intentado superar en la Bauhaus.

etc., mantenían la ASNOVA y la OSA y la docencia en VkHUTEMAS, hubiera sido creíble que Meyer fuese razonablemente afín a lo que representaba la OSA. Probablemente no fue así porque el constructivismo que auto-reclamaban representar los arquitectos clave de la OSA, pese a su mayor sensibilidad hacia la arquitectura como instrumento de transformación social, se manifestaba de hecho en proyectos con fuerte presencia formal, no exentos de individualismo.

[19] TOMITA; H: (2014), págs. 50 y sig. En su propuesta para el Plan de Moscú, Meyer utiliza el efecto psicológico para referirse a la transmisión (simbólica), mediante la arquitectura y los espacios urbanos, de la ideología proletaria y el arte de masas.

[20] SCHNAIDT, C. (1964):
"Las autoridades insistieron en que debían respetarse las tradiciones nacionales. Además, la gente reclamaba cada vez más que la construcción de los edificios públicos fuese tan llamativa y ornamentada como la de los erigidos por la anterior clase dominante. [...] "El pueblo también tiene derecho a pilastras" surgió como muy ambiguo eslogan.

[21] MEYER, H. (1942):
"En el WkHUTEMAS de Moscú, una especie de academia anti-académica, encontraron su cielo algunos de los más sectarios. Allí los maestros discutían entre si acaloradamente sobre toda clase de temas y dirigían miradas amorosas a la gran orquesta sinfónica que tocaba Musgorsky sin batuta ni director. [...] A la vez el lugar estaba repleto de estudiantes trabajadores que, con gran sacrificio, se dedicaban al estudio y estaban ansiosos por construir viviendas colectivas, comedores de fábrica y ciudades socialistas".

Con esa racionalización y ese posicionamiento era predecible que
Meyer transitará el camino hacia la aceptación del sustrato formal e
ideológico del Realismo Socialista. Meyer no lo dudaba. Pocos años
después, en 1939, en una de las conferencias que dio en su llegada a
México dejó testimonio de su alineación con la cultura oficial del Realismo Socialista.

> " [...] el Metro de Moscú o el Canal Volga-Moscova [...] marcan la futura
> dirección de la arquitectura soviética. [...] una nueva forma arquitectóni-
> ca que refleja las correspondientes etapas de la construcción soviética
> en la URSS. [...] El arquitecto soviético no está confinado [limitado] por
> la habitual asunción moderna de que la arquitectura es únicamente un
> problema técnico. Las masas-clientes quieren [...] que sus camaradas
> arquitectos sean los intérpretes de sus culturas nacionales, sus folklo-
> res regionales y sus formas locales de construcción [...]. Debe seleccio-
> nar lo mejor de lo que ya ha ocurrido [lo anterior]. Quienes lleven a cabo
> con mayor integridad estos principios serán admirados, en claves de
> arquitectura, como maestros del socialismo real en la arquitectura.[22]

Para Meyer la nueva realidad soviética fue a la vez deseo y convicción.
Racionalizó que la arquitectura y la ciudad debían ajustarse a su traduc-
ción política por el partido y los organismos oficiales en que se agrupa-
ban las profesiones. Las directrices e instrucciones políticas pasarían
a representar una racionalidad otra, más certera, y su interpretación
debería integrarse en el proyecto como función inmaterial relevante,
no una más, tal vez la principal: a mayor contenido político mayor contenido arquitectónico.[23] Parafraseando: "si las instituciones asumen
y representan el deseo de las masas socialistas sería funcionalmente
lógico e imperativo incorporarlas como dato racional del proyecto".

[22] MEYER, H. (1942).

[23] MEYER, H. (1930 a):
"Contenido + forma: según la ley del contenido y de la forma, su incremento político [del
contenido] es paralelo al incremento arquitectónico".

PLAN DE EXPANSIÓN Y RECONSTRUCCIÓN DE GRAN MOSCÚ

En octubre de 1930, Meyer, precedido por su reputación de director de la Bauhaus y su imagen de arquitecto marxista cesado y represaliado por las derechas reaccionarias, y auspiciado por el oficialista Alexey Mordinov[24] fundador del VOPRA (Unión pan Rusa de Arquitectos Proletarios), fue muy bien recibido por las instituciones oficiales. No quiso recibir los privilegios materiales que la URSS otorgaba a los técnicos extranjeros,[25] pero se hizo miembro de la oficialista VOPRA, y fue nombrado profesor en el Instituto Superior de Arquitectura y Construcción, WASI (Facultad de Arquitectura de Moscú) en el que permaneció durante tres años.[26] Meyer estaba en las instituciones del aparato ofi-

[24] Alexey Mordinov, uno de los fundadores de VOPRA y director de la WASI, fue uno de los principales valedores de Meyer, sino el principal. Apoyó u organizó en el Museo Estatal de Arte Occidental, en Moscú en 1931, la exposición "Bauhaus Dessau 1928-1930" promovida por Meyer para dar a conocer las ideas y producción que impulsó como director en la Bauhaus; e hizo suyo el correspondiente y elogioso texto de presentación (claramente redactado en su ¿casi? totalidad por Meyer).

[25] MEYER, H. (1930 b). Entrevista en Pravda:
"Ruego a nuestros camaradas rusos que nos vean, a mí grupo y a mí, no como especialistas sin corazón que reclaman toda clase de privilegios, sino como compañeros trabajadores con visión de camaradas dispuestos a regalar al socialismo y a la revolución todo nuestro conocimiento, toda nuestra fuerza y toda la experiencia que hemos adquirido sobre el arte de la construcción".
MEYER, H. (s. f.). Meyer renunció a un trato privilegiado y prefirió vivir proletariamente como un camarada más.
MEYER, H, (1942). Hablando de los cientos de arquitectos y técnicos invitados a la Unión Soviética:
"Los soviéticos trataron a esos extranjeros como apreciados instrumentos de precisión, envolviéndolos en algodones, alojándolos en las pocas casas modernas, dándolos el privilegio de una alimentación casi lujosa, y pagándoles salarios muy altos".
KOOP; A. (1990):
"Las autoridades soviéticas negociaron con May un contrato inusual. [...] La Brigada Roja ("Rotfront Brigade") vivía y trabajaba en condiciones muy distintas de las de la Brigada May. Pese a que May empleó en su brigada a un número relativamente alto de trabajadores soviéticos, era esencialmente una unidad extranjera. [...] Por contraste el grupo de Meyer estaba mucho más integrado en la Unión Soviética. [...] No obstante, al poco de su formación, La brigada de Meyer fue disuelta y sus miembros asignados a distintas organizaciones soviéticas".

[26] En la WASI Meyer estuvo sucesivamente en los departamentos de vivienda y equipamientos sociales, construcciones agrícolas y construcciones industriales.

cial. Por tanto no sorprende que cuando en enero de 1931, casi recién llegado, fuese puesto al frente, como director-coordinador, de una brigada de proyecto VOPRA (Brigada Meyer o Brigada Bauhaus) integrada por Philip Tolziner, Anton Urban y Tibor Weiner (proyectistas); Hannes Meyer (consultor): uno de los ocho equipos invitados a presentar sus propuestas al concurso limitado convocado por el Sóviet de Moscú para el Plan de Expansión y Reconstrucción de Gran Moscú.

Meyer se enfrentaba a un tema desbordante para el que tenía escasa formación o experiencia urbanística[27] y aun menos, por no decir ninguna, en trabajos de esa escala.[28] Pero, aupado en el osado optimismo que le proporcionaba su convicción ideológica en la cooperación integral y en su extrema confianza en los méritos del método analítico-científico-funcional, aceptó la tarea de dirigir el trabajo.

El concurso planteaba dos grandes temas distintos aunque relacionados –expansión y reconstrucción, o crecimiento versus centro– que abordaron con criterios y métodos también distintos. En un territorio libre de excesivas connotaciones previas, la respuesta a expansión planteaba un problema racional y técnico de contenido político acotado (por las directrices de ordenación de ciudades en desarrollo del plan quinquenal), cuyo contenido ideológico se limitaba a reconocer la vinculación que subordinaba simbólicamente lo nuevo a la capital.

[27] En sus primeros textos Meyer apenas se refiere elíptica o retóricamente al planeamiento de ciudades.
En "El Nuevo Mundo", 1926:
"La ciudad es la aglomeración biológica más compleja, y debe ser regulada consciente y constructivamente por el hombre".
Y en "Construir", 1928:
"Pero ¿cómo se proyecta un plan urbano? [...] Debe ser el objetivo final del bienestar público y, como tal, un proyecto de espíritu cívico en el que las energías colectivas e individuales se combinan en una conciencia pública basada en la cooperación integral".
[28] MEYER, H. (1935):
"Cuando en 1931 fui llamado a dirigir uno de los ocho proyectos de brigada del concurso limitado para planificar el Gran Moscú, aun estaba muy lejos de comprender cuán insignificantes eran mis conocimientos y mis experiencias frente a lo gigantesco de la tarea. Las enseñanzas que nos había proporcionado el urbanismo en la Europa Occidental resultaron completamente ajenas, improcedentes e impropias en el sistema social de la Unión Soviética".

Por el contrario, la respuesta a reconstrucción, o centro, implicaba enormes contenidos ideológicos y simbólicos no abordables desde el análisis racional-funcional... salvo que se les entendiese como elementos o funciones de psicología de masas a los que dar el mayor protagonismo. Dos modos de hacer –uno desde el análisis racional funcional y otro desde lo simbólico y la psicología de masas– que encontraron reflejo en las dos láminas, muy distintas, que describían la propuesta presentada a concurso por el equipo VOPRA.

Para la expansión del Gran Moscú Meyer y su equipo analizaron varios esquemas alternativos, entre ellos continuar con el modelo de crecimiento por anillos que rechazaron por antieconómico (aunque Meyer destaco que su centralidad reforzaba política y simbólicamente el papel clave del Kremlin como centro y origen de la ciudad). Finalmente optaron por lo que llamaron sistema elástico, entre los postulados desurbanistas de crecimiento descentralizado o diluido y urbanistas de ciudad compacta.

El modelo territorial del sistema elástico, afín a los conceptos desurbanistas, proponía una galaxia de 19 ciudades satélites, "raions", estrictamente racionalistas, de geometría cartesiana, autosuficientes, asentadas básicamente en el sudeste, y próximas a las industrias. Cuatro grandes vías las relacionaban entre sí y con Moscú convergiendo funcionalmente hacia el núcleo central y el Kremlin, símbolo de la nación y del estado; vías cuyo contenido ideológico simbólico estaba en servir como instrumento de entrada y concentración en Moscú para las grandes demostraciones de masas.[29]

Para la reconstrucción, Moscú era la capital símbolo de la URSS surgida de la revolución de octubre[30] y, su Centro, el Kremlin el vértice del poder de los sóviets personificado en el nuevo zar socialista,

---

[29] TOMITA; H: (2014), pág. 50. Citando una anotación de Meyer en su croquis del esquema elástico:
"Las cuatro troncales diagonales no solo deben desarrollarse como arterias experimentales, sino que también deben ser consideradas ideológicamente como miembros orgánicos del Centro. Como puntos de entrada a una demostración de masas, ganan importancia a medida que se aproximan al Centro".

[30] La capitalidad de Rusia había pasado a San Petersburgo en 1703. Moscú la recuperó en 1917, el año de la Revolución de Octubre.

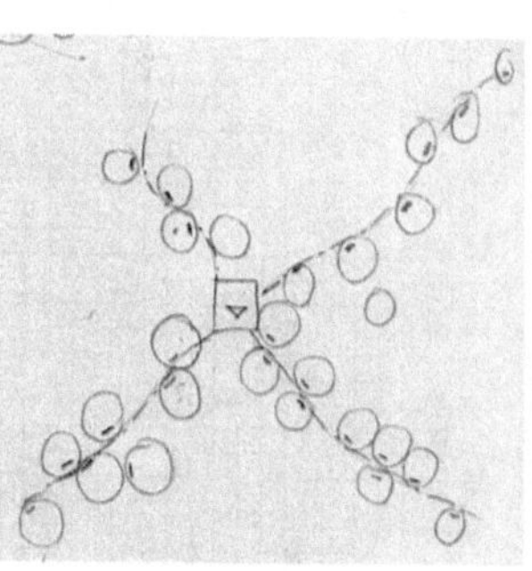

Hannes Meyer. Plan de Expansión y Reconstrucción del Gran Moscú, 1931-1932. Ordenación General. Diagrama del sistema elástico. Detalle de ordenación del área de expansión al este.

Stalin. Para Meyer y su brigada la ordenación del Centro no podía obviar esa condición mítica ni el valor político revolucionario y capacidad psicológica de sus lugares y sus ritos de masas.[31] Tampoco podían renunciar a demostrar la capacidad transformadora de la nueva arquitectura. Doble tarea: reforzar los símbolos y la tradición con un planteamiento de ciudad compacta, y encontrar el modo de inyectar y desplegar en esa compacidad las nuevas formas racional-funcionalistas de construcción urbana.

Ante esa disyuntiva la propuesta de Meyer preserva fragmentos reconocibles del tejido central preexistente y plantea un programa de profundas demoliciones y transformaciones que cambiarían radicalmente la fisonomía de la ciudad.

En el área central del Gran Moscú, comienza por delimitar y acotar la ciudad histórica trazando en su perímetro un anillo de ronda: de un lado la historia; del otro el cambio. Más hacia el interior, vacía un segundo

[31] TOMITA, H. (2014), pág. 51. Meyer llegó a preguntarse por qué no prever lugares de manifestación en todos los nuevos núcleos satélites en lugar de tener que transportar los millones de personas que se concentraban los días del Trabajo (1 de mayo) y de la Revolución (7 de noviembre, conmemoración del asalto al Palacio de Invierno).

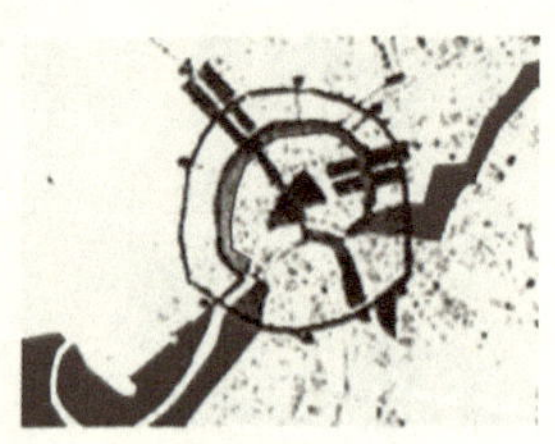

Hannes Meyer. Plan de Expansión y Reconstrucción del Gran Moscú, 1931-1932. Ordenación del área central. Esquema de anillo viario y de los parques de circunvalación, recorridos y penetración.

anillo continuo de parques que acota aun más el núcleo y una secuencia lineal de parques junto al río que desbordan el anillo exterior. Adicionalmente, y como propuesta clave, mediante dos potentes operaciones de transformación psicológico-simbólica refuerza sobremanera el carácter ideológico-simbólico del Kremlin y la Plaza Roja.

La primera consistía en ampliar la Plaza Roja aumentando en 150 m. su anchura (demoliendo los grandes almacenes estatales GUM) y construir frente al Kremlin un gran conjunto formado por: dos rascacielos institucionales –para el Comité Central y para la Internacional Socialista– enlazados por un cuerpo horizontal elevado; y tras ellos un inmenso recinto cubierto para asambleas y concentraciones (con semejanzas indudables a los vastos espacios cubiertos de las grandes estaciones ferroviarias),[32] al que las masas también podían acceder desde el norte por la gran avenida eje de una potente remodelación que avanzaba

[32] El gran espacio cubierto tras las torres se asemejaba al hall de vías de la londinense Waterloo Station, cuya fotografía aérea fue una de las imágenes que Meyer utilizó en 1926 para ilustrar el texto El Nuevo Mundo en la revista *Das Werk*.

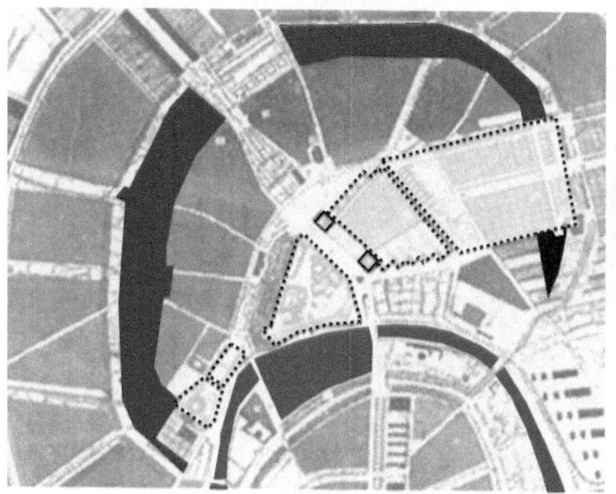

Hannes Meyer, Plan del Gran Moscú, 1931-32. Reconstrucción del núcleo central, Kremlin y entorno. Foto aérea de la Waterloo Station, Londres, años 20, incluida por Meyer como ilustración en El Nuevo Mundo.

desde el perímetro al Centro. El cuerpo elevado serviría, a la vez, como tribuna hacia la plaza y como pórtico ceremonial del gran recinto.

La segunda gran operación, al otro lado del Kremlin, sería la construcción del monumental Palacio de los Sóviets sobre el lugar ocupado por la catedral ortodoxa de Cristo el Salvador, cuyo concurso se convocó casi simultáneamente.[33]

Avanzando desde el exterior del núcleo central e incluso entrando en él, la propuesta rasga el tejido urbano con anchos y profundos cortes, creando escenarios urbanos sobre los que desplegar seriaciones de bloques, torres, pantallas y edificios públicos de nueva arquitectura; cuñas que, indiferentes a las preexistencias, expresan sin mediaciones la confrontación no resuelta entre las esperanzadas formas del futuro y las de un pasado que las masas (o las instituciones que desde el partido único decían interpretar su sentir) hacía suyas.

[33] SCHNAIDT, C (1965), pág. 12. Meyer fue miembro de la primera comisión para la construcción del Palacio de los Sóviets que escogió el emplazamiento e intervino en la primera ronda de selección vetando los proyectos preliminares.

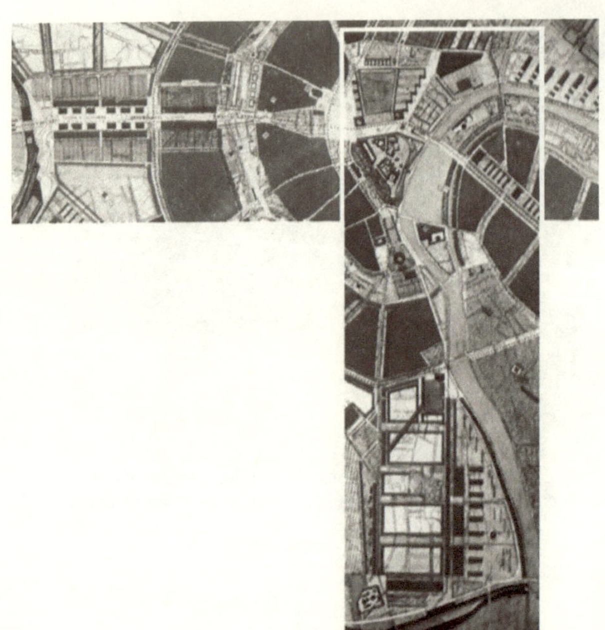

Hannes Meyer. Plan del
Gran Moscú, 1931-32. Ejes de
remodelación y penetración
hacia el Kremlin y el Palacio
de los Sóviets.

En la trayectoria de Meyer el contraste entre las dos láminas con que
presenta sus propuestas de expansión y reconstrucción de Moscú
puede sorprender y dice mucho. Juntas pueden leerse como un
a mitad de camino entre el racionalismo funcional igualitario que
defendía Meyer y la aceptación en versión Meyer de las pulsiones sim-
bólico-ideológicas emanadas de las jerarquías; entre razón e interpretación de la costumbre. Este primer proyecto soviético de Meyer,
en el que un paradigma basado en la razón funcionalista coexiste con
un paradigma basado en la interpretación de mitos históricos y de
revolución, evidencia el rápido proceso de cambio hacia su aceptación convencida y auto justificada de las entonces incipientes directrices formales del Realismo Socialista.

Las propuestas de la brigada Meyer (y las de Ernst May y otras) no fueron aceptadas;[34] prevaleció el principio tradicional de ciudad compacta sin descentralización, conforme a un esquema presentado a finales de 1932 por el arquitecto soviético W. Semjonow.[35] El plan de Moscú se aprobó en 1935.

OTRO INCISO OBLIGADO: REALISMO SOCIALISTA Y PALACIO DE LOS SÓVIETS

La propuesta para el concurso del Palacio de los Sóviets, a finales de 1931, en la que Meyer participó como consultor atestigua su temprana aceptación de las directrices político-ideológicas oficiales y la monumentalidad que caracterizaban el Realismo Socialista. Prescindiendo de su análisis detallado y sin incluir el complemento de operaciones que enfatizaban la llegada de las masas populares al conjunto y su salida, y renunciando a compararlo con el proyecto de la sede de la Sociedad de las Naciones, bastaría con destacar alguno de sus rasgos más significantes.

La función que la brigada Meyer asigna al Palacio de los Sóviets es el rito y su templo está en la imponente sala de la Asamblea de los Sóviets, cuyas puertas descomunales abiertas de par en par incorporan visual y espacialmente la amplitud de la extensa plataforma por la que habrán de desfilar atestadas las múltiples hileras de manifestantes. Con una secuencia de gestos monumentales, el proyecto fabrica un lugar simétrico de edificios y trayectorias de movimiento. Las masas

[34] SIMON, E. D.; SIMON, L. ROBSON, W. A.; JEWKES, J. (2015), pág. 185. Con posterioridad al concurso de 1931, en 1935, el Comité Central del Partido (CCP) y el Sóviet de Comisarios del Pueblo para la ordenación y el crecimiento de Moscú (SCP), en un decreto del 10 julio 1935, fijó la posición oficial respecto del tipo de propuestas anteriormente presentadas:
"[El CCP y SCP] rechazan los proyectos de preservar la ciudad actual como una ciudad-museo [y] también rechazan las propuestas de demoler la ciudad existente y construir en su lugar una nueva ciudad conforme a un plan completamente distinto".
[35] ERNST, W. SOHN. V. (1989), pág. 272.

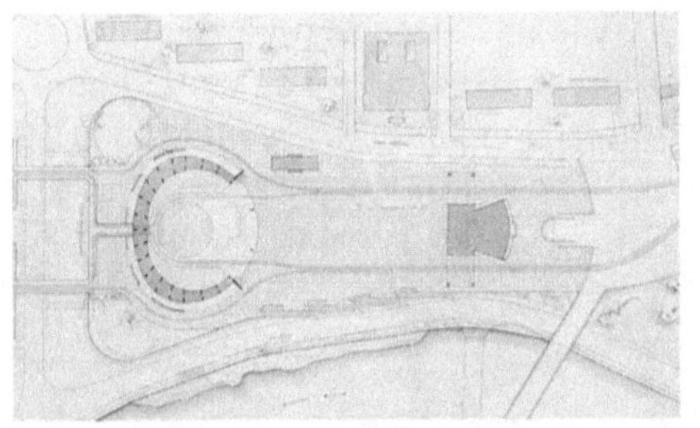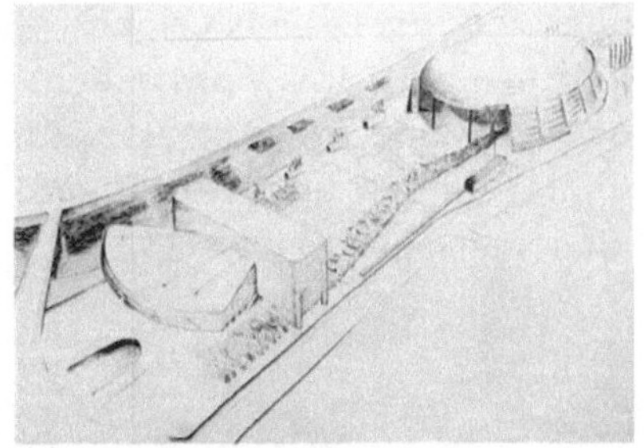

Tolziner, Urban y Weiner (proyecto); Meyer (consultor). Concurso para Palacio de los Sóviets, 1931.

se aproximan desde la Plaza Roja, bordean el Kremlin, cruzan bajo espacios-pórtico a ambos lados de un primer auditorio, perciben desde lejos la gran sala de los sóviets, dejan a su derecha, vigilante, las dependencias del secretario general, acceden y admiran la vastedad de la gran sala y emergen al fondo para continuar hacia un gran espacio exterior de reunión. Habrán dejado a su izquierda cuatro desmedidos grupos escultóricos que en honor de heroicos colectivos socialistas revolucionarios recortan el paisaje frente al río Moscova.

Su carácter procesional y litúrgico y de grandes reuniones rituales comparte, por analogía, la mítica de aquellas grandes catedrales góticas cuyas naves centrales vieron interrumpida su continuidad con los poderosos edículos de coros tardíos que impedían ver desde el acceso el gran espacio continuo de la nave central y ocultaban el altar mayor. La presencia del coro fuerza y dirige a los creyentes hacia las naves laterales, y solo tras superarlo alcanzan y son parte del espacio común frente al altar.

En este concurso el lenguaje constructivo que reviste los edificios arropa pero no esconde la plena aceptación del discurso oficial sobre el papel instrumental de una arquitectura al servicio de la razón de estado y de la interpretación oficial de los deseos colectivos.

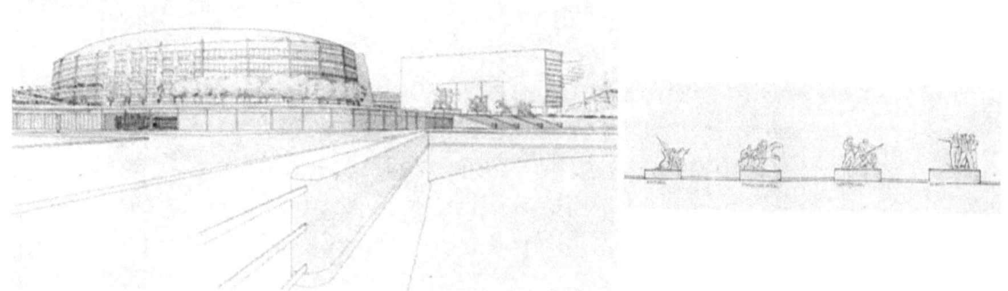

Tolziner, Urban y Weiner (proyecto); Meyer (consultor). Concurso para el Palacio de los Sóviets. 1931. Grupos escultóricos frente al Rio Moscova.

Al final, el proyecto lo redactó Boris Iofán... y no se construyó. En 1931 demolieron la catedral ortodoxa del Cristo Salvador, excavaron el profundo foso de cimentaciones, comenzaron las obras, la guerra las interrumpió y nunca más continuaron. En 1959 ocuparon el foso vacío con la enorme piscina pública Moscova que después cerró y fue demolida en 1994. Al final, en un gran salto atrás en el tiempo, reconstruyeron la catedral, idéntica y en el mismo lugar.

NUEVAS CIUDADES

De 1931 a 1934, después del Plan de Moscú y de haber trabajado un año como jefe de sección para ciudades con industria pesada en el "Standardgorproject" (proyecto de estándares), Meyer se incorporó al instituto de planificación urbana Giprogor como urbanista consultor en la sección encargada del programa de ciudades de plan quinquenal en los territorios del este y la Siberia Oriental.[36]

[36] Ciudades industriales (en los Urales): Molotov, Nizhiniy Kurinsk, Ishevsk...; Ciudades en el este y Siberia: Birobidzhan, Chita, Krasnoyark, Rybinsk...

Los proyectos urbanos de expansiones y ciudades nuevas sobre territorios prácticamente vírgenes y despoblados podrían ser vistos como
un tema más técnico que ideológico, susceptible de análisis funcional; aun más en tanto que la ordenación de la ciudad socialista estaba
sujeta a un marco oficial de directrices previas, simples y directas
que reducían los grados de complejidad proyectual.[37] Las directrices
definían esquemáticamente los distintos contenidos o clases de contenidos e incluían:

- Previsiones para áreas de trabajo en industria pesada o ligera.

- Áreas agrícolas para auto abastecimiento y producción.

- Áreas de residencia, organizadas en distritos de hasta 50.000 habi-
  tantes formados a su vez por súper manzanas o unidades residenciales de 2.000 a 10.000 personas y sus equipamientos colectivos
  cotidianos (parque, escuelas, deporte,...).

- Previsión y ubicación de núcleos y bandas de actividades o servicios colectivos de mayor escala.

- Estricta separación funcional urbana reforzada por una simplifica-
  da regulación de grandes parques o espacios libres que alejaran
  viviendas e industrias.[38]

- Construcción en lugar destacado de un centro simbólico represen-
  tativo agrupando las principales instituciones políticas y sociales
  (Partido, Sóviet local, Palacio del Pueblo...).

Trabajando con tan pocos, tan grandes y tan definidos elementos, el
problema de ordenación se traslada, hacia arriba al trazado general y
hacia abajo al diseño de las súper manzanas residenciales, utilizadas

[37] SCHNAIDT, C. (1965), pág. 33:
"Un decreto del Comité Central del Partido Comunista del 16 de mayo de 1930 [...] ordenó
al Consejo de Comisarios del Pueblo que emitiese directivas sobre la construcción de
ciudades y viviendas. [...] Los varios esquemas de ordenación urbana elaborados por
Meyer eran expresión de la línea general que se aplicó tras estas discusiones".

[38] En las nuevas ciudades previstas por el plan quinquenal, destinadas básicamente al
aumento de producción industrial, lo residencial estaba directamente vinculado al trabajo en las fábricas, siendo por tanto poca la componente terciaria.

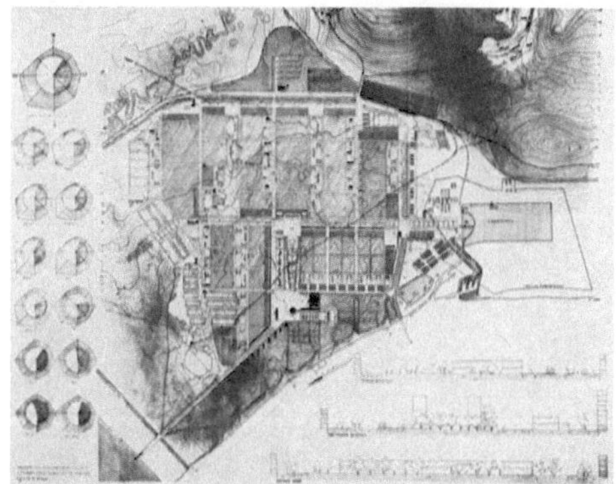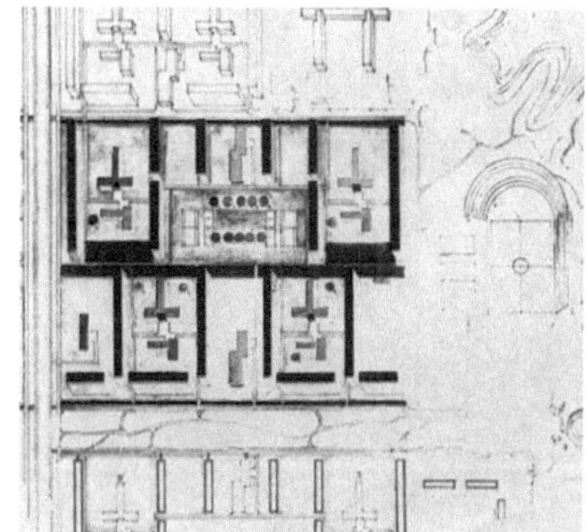

Hannes Meyer. Nizhne-Kurinsk, 1932. Gorkach manzana tipo, 1932.

como módulos repetibles para la formación de los distritos. De este modo y trabajando en territorios abiertos al orden y la geometría, Meyer, al igual que May y otros, pudo experimentar, con limitaciones, formas casi diagramáticas de organización urbana y, con mayor libertad, modelos de ordenación para súper manzanas de viviendas.

Pese a la escasa documentación disponible y a que lo ejecutado difiere de lo planificado,[39] la ordenación de ciudades en que trabajó o que coordinó Meyer y cuya documentación se ha publicado (tales como Nizhne Kurinsk, Gorkach y Birobidzhan, para el asentamiento de una comunidad judía), se ciñeron a esas directrices con diseños racional-funcionalistas, adaptados a la especificidad del lugar y el territorio. La componente residencial se aloja en una retícula geométrica regular formada por

[39] KOOP, A. (1990):
"No se sabe hasta qué punto los proyectos de los arquitectos extranjeros en la URSS se construyeron conforme a sus diseños originales. [...] No hay estudios sobre este tema, y las escasas fotografías y planos disponibles acerca de las nuevas ciudades industriales de los dos primeros planes quinquenales guardan poca semejanza con los proyectos acabados. [...] Pocos de los proyectos diseñados por May, Meyer y otros arquitectos alemanes o alemano hablantes llegaron a ejecutarse".

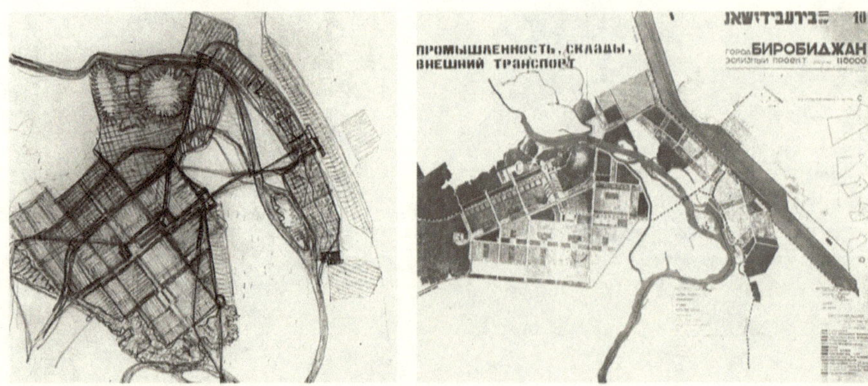

Hannes Meyer, Birobidzhan, 1933. Croquis. Plan de ordenación.

grandes manzanas[40] (hasta 15 hectáreas, del orden de 400 m de lado) flanqueada en uno de sus costados por una seriación de edificación puntual de carácter institucional-administrativo y segmentada por una avenida monumental que conduce al centro simbólico-ideológico (Palacio de los Sóviets locales, Sede del Partido, Palacio de Cultura) que en el punto más elevado preside la nueva ciudad. Las industrias y demás elementos se sitúan separados pero cerca de la retícula residencial.

Tanto los esquemas de ordenación general como las formalizaciones y trazados de las manzanas de vivienda tienen más de diagrama que de propuesta detallada: sitúan y definen el carácter de los elementos

[40] SIMON, E. D.; SIMON, L. ROBSON, W. A.; JEWKES, J. (2015), pág. 190. Transcripción del Decreto del 10 julio 1935 del Comité Central del Partido y el Sóviet de Comisarios del Pueblo para la ordenación y el crecimiento de Moscú en el marco del plan decenal:
"Para poder distribuir la población normalmente y organizar adecuadamente los distritos, deberán establecerse [...] los siguientes principios básicos:
a) [...] trazar manzanas de gran tamaño, de 5 a 15 hectáreas.
b) [...] ocupadas por grandes edificios [de viviendas], separados a intervalos que les permitan disponer de luz y aire.
c) [...] la densidad de población deberá promediar 400 personas por hectárea de manzana residencial, distribuida homogéneamente por toda la ciudad".

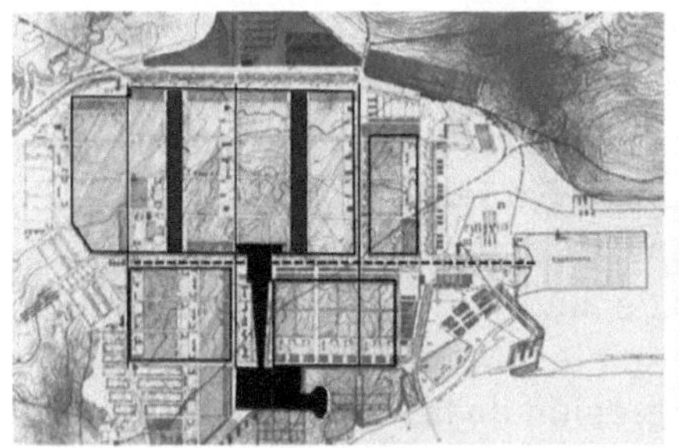 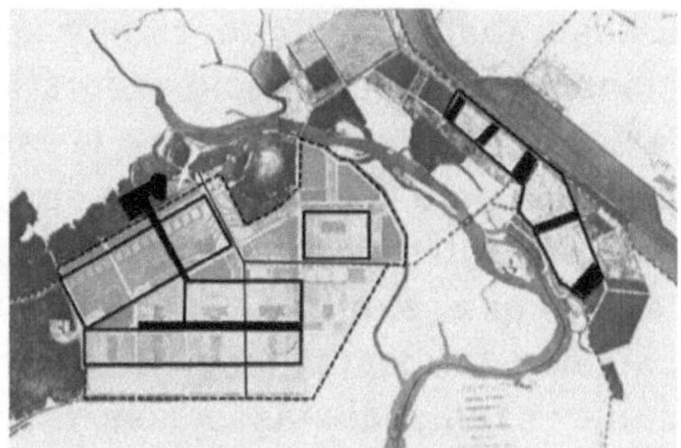

Hannes Meyer, Nizhne-Kurinsk, 1932. Birobidzhan, 1933. Esquemas diagramáticos (e. p.).

infraestructurales y la posición del repertorio de componentes pre-
definido en las directrices, enmarcando el conjunto en un diálogo
igualmente esquemático con la morfología del soporte paisajístico-
territorial.[41] La ciudad preexistente, cuando existe como en el caso de
Birobidzhan, se mantiene como elemento de identidad local aunque
con profundas operaciones de modernización, similares a las propuestas en Moscú pero a mucha menor escala.[42]

El manejo de componentes básicos en grandes paquetes funcionalmente especializados sobre un soporte altamente geometrizado
es uno del os rasgos distintivos de estas propuestas (claramente
en Nizhne-Kurinsk y más distorsionada en Birobidzham debido a su
menor escala y mayor influencia de los rasgos topográficos).

[41] FISHER, A. (2012), pág. 14. A propósito del plan de ordenación de Birobidzhan:
"Meyer extrae del paisaje la razón de ser, en este lugar específico, de los elementos para
el establecimiento humano. [...] Los elementos topográficos locales están activamente
involucrados en la composición general, que trae a escena los valores universales y
a-históricos del paisaje natural.

[42] En Birobidzhan, la ciudad preexistente consistía en un asentamiento lineal de casas
heterogéneas entre las líneas del ferrocarril y el río. La propuesta la acota con vías de
borde y una banda de espacio libre del lado del río y la subdivide en segmentos menores,
a modo de manzanas, mediante vías transversales y áreas de plazas-parque-equipamien-
tos. Ver plano y: FISHER, A. (2012), pág. 11.

Estos trabajos de ordenación urbana en lugares remotos y en situaciones y realidades socio geográficas y culturales muy distintas, y la necesidad de adecuarlos a la escasez de medios y materiales disponibles para la construcción de nuevas ciudades, contribuyeron a cambiar criterios anteriormente mantenidos por Meyer, especialmente en lo que se refiere a la adopción de métodos constructivos tradicionales, la aceptación de las preferencias formales propias de las culturas regionalistas locales, la expresión de la identidad nacional y la influencia del lugar. Esa nueva, para él, percepción de la realidad quedaba muy lejos de la objetividad funcional-constructiva y el internacionalismo que propugnaba al llegar a la URSS.

EXIT 2

Pocos años después de la llegada en masa de técnicos extranjeros, la actitud del aparato político y profesional soviético hacia aquella experiencia había cambiado. El aprecio inicial había dado paso a una mezcla de sentimientos negativos sobre su resultado, su inadecuación a la realidad soviética y la falta de verdadero compromiso político de los técnicos.[43] Pese a ello, en 1934, Meyer, estalinista convencido e integrado en las instituciones, fue aceptado en la Academia Soviética de Arquitectura, ASA, no como proyectista sino como docente para dirigir un gabinete dedicado a la formación de maestros de arquitectura y al desarrollo de prototipos de viviendas y edificios colectivos y su acondicionamiento interior: "elementos de la vida socialista".[44] Ese

[43] INGBERMAN, S. (1994), pág 140:
"Para 1934 el espíritu de hospitalidad que había abierto las puertas de la URSS a simpatizantes extranjeros había desaparecido. Pronto estuvo claro [...] que ya no eran bienvenidos".
KOPP, A. (1990):
"Al comienzo del segundo plan quinquenal, las autoridades soviéticas decidieron, aparentemente, que la experiencia de los [arquitectos] extranjeros en la URSS debía acabar y que la arquitectura extrajera no era deseable ni posible en las condiciones soviéticas existentes. Las suspicacias [...] aumentaron en la segunda mitad de los años 30".
[44] ERNST, W. SOHN, V (1988), pág. 286. En la ASA, Meyer organizó cuatro brigadas, con Antony Urban, Hannes Schmit y Grete Schçútte Lihotzky, en las que llevaron

trabajo eminentemente técnico se prolongó hasta finales de 1935. Para entonces Ernst May (en 1933) y la mayoría de ex Bauhaus habían abandonado la URSS y habían surgido duras críticas técnicas, y sobre todo ideológicas, al trabajo desarrollado por los técnicos no soviéticos.[45]

Ese clima de rechazo también afectó a Meyer,[46] que pese a su estalinismo era un especialista extranjero. Solo consiguió mantener su trabajo en la Academia Soviética de Arquitectura hasta finales de 1935. Meyer no entendía el porqué de ese rechazo, pero aceptó como inevitable el final de la experiencia. Con sus palabras:

> "La mayoría de estos señores, que hoy nos gritan más que cualquier otro, fueron en 1930 y 1931 mis estudiantes o asistentes en VASI [...] ¿Por qué nos retratan como si [...] Hannes Meyer y otros especialistas, muy conocidos por sus trabajos en el extranjero, no quisiesen trabajar en la URSS, cuando en realidad no querían que trabajásemos?"[47]

> "Los profesionales extranjeros ya no son necesarios. Con paso vacilante entran en escena arquitectónica los académicos de la preguerra."[48]

Ahí terminaron sus actividades en la Unión Soviética. En los siguientes meses, entre enero y mayo de 1936, dio diversas conferencias, en Checoslovaquia, Dinamarca y otros países fuera de Rusia, y finalmente, en junio de 1936 abandonó Moscú y volvió a Suiza.

a cabo: "estudios sistemáticos en las pautas de vida en la URSS y planes tipo para barrios residenciales".
Presentaron 21 modelos-tipo de viviendas a empresas moscovitas, y nuevos tipos de cines, clubes sociales, parques culturales y otros. Y editó la revista de arquitectura extranjera. Ver: MEYER, H. Notas autobiográficas, en SCHNAIDT, C. (1965).

[45] KOPP, A. (1990). A. Mostacov, soviético ex miembro del equipo May, en un artículo llamado "La fea herencia del Arquitecto E. May" escribió:
"Al dar a May la oportunidad de diseñar y construir a gran escala los arquitectos soviéticos cometieron un error imperdonable".

[46] SCHNAIDT, C. (1965), pág. 33:
"Una nube de sospechas se cernió en torno a los especialistas extranjeros. Un cierto número de ellos, incluyendo uno de los asociados de Meyer, fueron arrestados y deportados. Para 1936 la situación había llegado a ser intolerable para los que no se habían retirado más allá de la frontera".

[47] VERMEER, F. (2016), pág. 80. Citando a Meyer.

[48] MEYER, H. (1943).

QUINTO ACTO, BREVE Y LARGO: MÉXICO Y LA REVOLUCIÓN INTERRUMPIDA

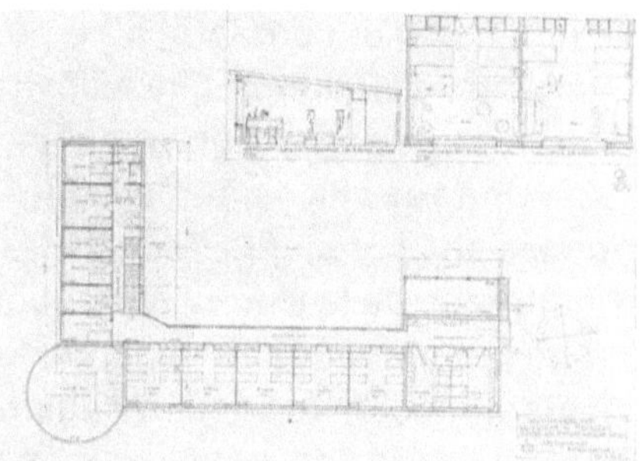

Hannes Meyer. Residencia infantil cooperativa, Mumliswil. Suiza. 1937-1939.

EL CAMINO HACIA MÉXICO

En 1936 Meyer regresó de su exilio voluntario en la URSS a una Europa anticomunista, con una Alemania nazi y una Italia fascista. Incluso en la teóricamente neutral Suiza, su fama de comunista pesaba en contra. En ese contexto Meyer, con pocas opciones de trabajo profesional, dedicó su tiempo al "estudio de la pintura y sus reglas de composición y a preparar publicaciones sobre planificación urbana y vivienda"[1] y, recibió el encargo, por la Unión Suiza de Cooperativas para la que había realizado el Freidorf siedlung, de proyectar y dirigir la construcción de una residencia infantil para 24 alumnos en Mumsilwi: un proyecto ordenado, pequeño y meticuloso, que aunaba funcionalismo diagramático y construcción local. Realizado de 1937 a 1939, fue un ejercicio de buen hacer. No tuvo más encargos.

Cuando estaba cerca de acabarlo Meyer y su mujer, Lena Berger-Meyer, artista textil ex Bauhaus con quien se había unido en Moscú y que le había acompañado desde entonces, pensaron en emigrar a los Estados Unidos e incluso prepararon un dosier con sus trabajos.[2] En

[1] MEYER, H. (1949 c).

[2] HERVAS Y HERAS, J. (2015), pág. 279. Lena Gunter-Meyer, diseñadora textil trabajó en el taller cooperativo de textiles de la Bauhaus, Lino-coop, dirigido de 1927 a 1931 por Gunta Stolzl (desde 1925 la única maestra de la Bauhaus).

su lugar, Meyer contactó, algo por azar, con el líder sindical mexicano Lombardo Toledano,[3] que lo invitó al Congreso de Trabajadores de América Latina, a celebrar en la ciudad de México en septiembre de 1938. Una vez allí, asistió al congreso, fue invitado a dar dos conferencias en la afamada Escuela Nacional de Arquitectura[4] y habló con arquitectos de la Unión de Arquitectos Socialistas (UAS) sobre la propuesta de fundar un hasta entonces inexistente centro de estudios de planificación urbana. De vuelta a Suiza el Secretario de Educación Pública de México le invitó a poner en marcha y dirigir un Instituto de Planeación y Urbanismo, IPU, en la Escuela Superior de Ingeniería y Arquitectura, Instituto Politécnico Nacional. Meyer aceptó la invitación y en junio de 1939, cargado de planes, viajó a México.

COMIENZO DE UNA ETAPA

Su etapa mexicana comenzó con un doble espejismo. Meyer veía en el México post revolucionario del presidente Cárdenas un contexto social progresista donde sería posible conseguir sus metas,[5] una nueva Unión Soviética libre de dictados y condicionantes, un lugar de realización personal, profesional y política donde poder llevar a cabo plena y libremente todo lo que había defendido y por lo que se había esforzado durante más de una década.[6] Por su parte los arquitectos

[3] LEIDENBERGER, G. (2014). En su relato de la ida de Meyer a México:
"Estando de viaje en Nueva York en 1938 Hannes Meyer conoció a un economista alemán exiliado en México de nombre Alfons Goldschmidt quien a su vez lo puso en contacto con el líder sindical Vicente Lombardo Toledano..."

[4] MEYER, H. (1938 a y 1938 b).

[5] LEIDENBERGER, g. (2014), pág. 508. Citando a Meyer:
"Las razones que me impulsan, lo mismo que a mi esposa, [...] radican en nuestro deseo [...] de trabajar en un país socialmente progresista donde podamos aprovechar directamente nuestra experiencia profesional, sobre todo la adquirida en la Unión Soviética".

[6] MEYER. H. (1938):
"En México viven ustedes en un país que se cuenta entre las más avanzadas democracias del mundo. [Está en un] proceso de liberalización económica del pueblo mexicano hacia una planificación nacional ordenada, en que todas las necesidades de la vida del pueblo,

mexicanos asociaban el nombre de Meyer a sus proyectos conocidos, al director progresista de la Bauhaus, a la vanguardia arquitectónica que se abría paso en México y al prestigio que la revolución soviética y el plan quinquenal tenían en las instituciones del gobierno.[7] La etapa mexicana de Meyer comenzó en un año fatídico, 1939, Segunda Guerra Mundial, y continuó con desencuentros varios, algunas treguas y contradicciones íntimas. Su efímero paso por el Instituto de Planeación y Urbanismo fue paradigmático.

Contrariamente a lo que Meyer hubiese querido, el Instituto de Planificación Urbana, IPU, se fundó como centro de especialización de postgrado y no como escuela con programa completo de formación.[8] Meyer había sido nombrado director en junio de 1939, pero el IPU tardó en comenzar, hasta principios de 1940.

En la izquierda mexicana había dos frentes: trotskistas y estalinistas. Por eso y casi de inmediato, la imagen política de Meyer chocó con la oposición de algunos reconocidos arquitectos y artistas mexicanos trotskistas contrarios a su estalinismo declarado y su cardenismo.[9]

materiales y culturales, se encuentran comprendidas y prácticamente realizadas en formas democráticas. [...] No olviden el arma del urbanista: el urbanismo".

[7] GORELIK, A. (1990) (pág. 18):
"[Fue] su propio prestigio entre los grupos radicales, más el indudable prestigio que gozaba entonces la planificación soviética entre los sectores gubernamentales, lo que coadyuvó para [...] que lo incorporaran como pieza fundamental en el proyecto de formación de una Escuela de Planificación Urbana".

[8] FRANKLIN UNKIND, R. (2012), pág. 30. Citando a Meyer en Carta al Ingeniero Miguel Bernard, el 30 de noviembre de 1938:
"Al entregarme lo que iba a servir para la formación de la carrera de urbanista, me encontré con la novedad de que lo que yo tomé por nueva carrera en el Instituto Politécnico era una oficina de trabajo práctico para ingenieros arquitectos y economistas de instrucción terminada [...]. Lo que se persigue, a mi juicio [...], es la formación de una oficina de gobierno con disimulo de escuela".

[9] LEIDENBERGER, G. (2014), pág. 516. Meyer fue uno de los estalinistas señalados como sospechosos por la izquierda mexicana tras el asesinato de Trotsky en agosto de 1940; y considerado agente secreto del Kremlin:
"Fue su declarado apoyo a Stalin lo que le colocó en medio de las guerras internas de la izquierda mexicana, situación que se agudizó en agosto de 1940 con el asesinato de León Trotsky [...] los trotskistas O'Gorman y Rivera responsabilizaron a Meyer y otros estalinistas declarados. [...] Según Meyer [...] lo colocaron en una lista de sospechosos

Además, en lo profesional, los criterios negativos de Meyer respecto de la arquitectura moderna internacional, sus ideas sobre el papel del arquitecto en la sociedad y su apoyo al regionalismo y la arquitectura del Realismo Socialista provocaron la oposición instrumental de la vanguardia de arquitectos mexicanos que estaban impulsando una modernidad incipiente.[10] El cambio de política que supuso la elección en diciembre de 1940 de un nuevo presidente de la República, Manuel Ávila Camacho[11] y su alineamiento bélico incondicional con los EEUU tampoco ayudaron. El gobierno suspendió la financiación de IPU y en agosto de 1941 despidió a Meyer pretextando la invalidez de su permiso de trabajo. Meyer dudó que pudiese continuar en México:

> "Se hace de todo para provocar mi salida del país, se fabrican problemas, se prohíbe que me hagan pagos debidos, me despiden sin avisarme, y las formas de lucha contra [...] un hombre de Cárdenas. No creo que me vaya a poder quedar aquí."[12]

Pese a ese augurio se quedó diez años.

Tras su cese y con algún apoyo de compañeros de la Unión de Arquitectos Socialistas, UAS, y afines, antes de partir realizó algunos proyectos que no se construyeron, ocupó posiciones en organismos oficiales relacionados con temas de índole laboral y social,[13] y ejerció

[...] ante una comisión de la CIA estadounidense y, junto con otros, lanzaron acusaciones en su contra. [...] No pudo evitar caer en desgracia en una buena parte de la que hubiera podido ser su gran respaldo: la izquierda mexicana.

[10] TERCEIRO VASCONCELOS, C. (pág. 269 y nota 52):
"[Para Meyer] la vanguardia autónoma debía ser superada, e integrarse en el estado y crear una arquitectura clasicista, regionalista y nacionalista como nueva expresión formal del estado Mexicano democrático"

[11] Manuel Ávila Camacho, elegido en julio 1940, presidió México del 1 de diciembre de 1940 al 30 de noviembre de 1946.

[12] LEIDENBERGER, G. (2014), pág. 515. Citando a Meyer en carta al subsecretario de de la Secretaría de Educación Pública, de agosto de 1941.

[13] LIERNUR, J. F. (1988), págs. 32-33. Meyer fue director de la sección de habitación obrera de la Secretaría de Trabajo y Previsión y funcionario en la secretaría de la comisión de planificación de hospitales del Instituto Mexicano del Seguro Social. Recibió encargos para el plan nacional de construcción de hospitales de la Secretaría de la Asistencia Pública y para el Banco de Obras Públicas. Dirigió la sección de exposiciones y difusión del Comité Administrador del Programa Federal de Construcción de Escuelas (CAPFCE).

brevemente como arquitecto independiente. En lo personal y pese a
todo no renunció a sus ideas, apreció la naturaleza y la cultura nativa
del México profundo,[14] compartió experiencias y afanes con su mujer,
Lena, colaboró con iniciativas culturales autóctonas y reflexionó
sobre sí y su obra con desapego crítico. Le empujaron más la vida que
la revolución, y los amigos que la ideología.

En lo teórico y durante su estancia escribió e impartió conferencias
respecto del presente y futuro de la planificación y la arquitectura en
México, sobre sus experiencias tanto en la Bauhaus como en la URSS
y sobre su propia biografía:[15] una traza de escritos dispares cuyo hilo
conductor quedó reflejado en los relativamente pocos proyectos significativos que elaboró en su etapa mexicana. El análisis y comentario
de tres de ellos ayudan a entender.

CENTRO DEPORTIVO, CULTURAL Y SOCIAL PARA LA COLONIA ESPAÑOLA EN MÉXICO

Al poco de llegar y aún en el IPU, en 1940, Meyer fue el único extranjero invitado a participar en un concurso restringido destinado a un
gran centro cultural deportivo para la colonia española en México:

[14] LIERNUR, J. F. (1988), pág. 15: Citando a Meyer, en carta a Paul Artaria; México, 16,
diciembre, 1939; al poco de llegar a México:
"[...] cada vez más huimos hacia la maravillosa naturaleza y paisajes, y hacia los indios
de las aldeas, que son aquí los mejores seres humanos".
Y en carta a Margaret Keller-Dambeck desde México, el 5 de mayo de 1947, siete años y
medio después de llegar a México:
"Es este un país de enormes contradicciones sociales. [...] Pero hay un fabuloso modo de
ser humano aquí. [...]. Solo el indio sigue siendo igual desde hace siglos: honrado, trabajador, y de un gran orgullo interior".

[15] Al contrario que sus años en la URSS, las experiencias e ideas de Meyer en México
han sido descritas y analizadas en detalle y con distintos enfoques por autores mexicanos y latinoamericanos próximos a la documentación y al testimonio directo.
LIERNUR, J. F. (1998), pág. 5:
"Los elementos de esa reflexión existen y están dispersos en la numerosa correspondencia, en conferencias y escritos no publicados e inéditos, y en las dos autobiografías que
constituyen en conjunto un verdadero y muchas veces minucioso balance de su vida".

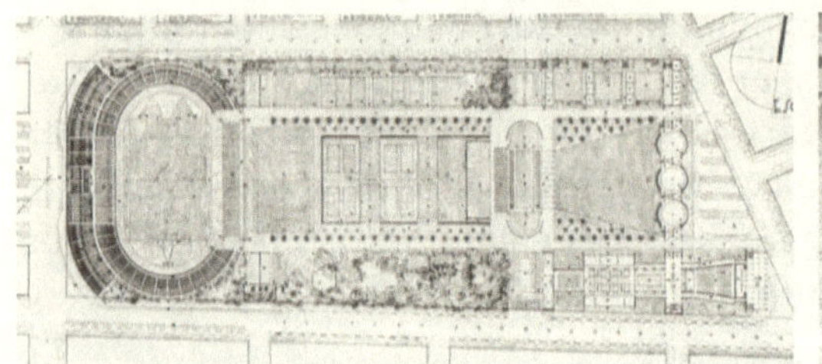

Hannes Meyer. Centro deportivo, cultural y social para la colonia española en México, concurso. 1940.

extensión 12,5 hectáreas, estadio para 30.000 espectadores, múltiples pistas deportivas, escuela para 1.200 niños, club para 2.500 familias... su primer proyecto mexicano. Sin más condicionantes que el programa, la topografía y la geometría de la parcela, Meyer respondió con un meticuloso y muy elaborado proyecto urbano que reunía pistas deportivas, instalaciones y edificios racional-funcionalistas sobre un trazado compositivo clásico.

Fiel al tipo de análisis funcional que propugnaba y a la composición por partes, define la serie de piezas correspondientes a cada función (edificios e instalaciones y pistas deportivas), y fiel a su idea de construcción da a cada una la forma y tamaño que mejor se adapta al contenido. Pero a diferencia de la estrategia que utilizada en el proyecto de la Sociedad de las Naciones, no agrupa a las iguales en función de su identidad ni las organiza espacialmente conforme a una topología de relaciones funcionales, sino que, incluso forzando el programa, las agrupa o desdobla y separa para formar paquetes formales con funciones heterogéneas[16] poniéndolos al servicio de un juego de simetrías

[16] Ejemplos de desdoblamiento y agregación de elementos en el centro para la colonia española en México:
• Desdoblamiento de una pieza en dos: frontones y edificaciones junto a aparcamiento.
• Agregación de contenidos heterogéneos: pistas de tenis + pabellón + piscinas; salón de actos + edificios complementarios + jardín.

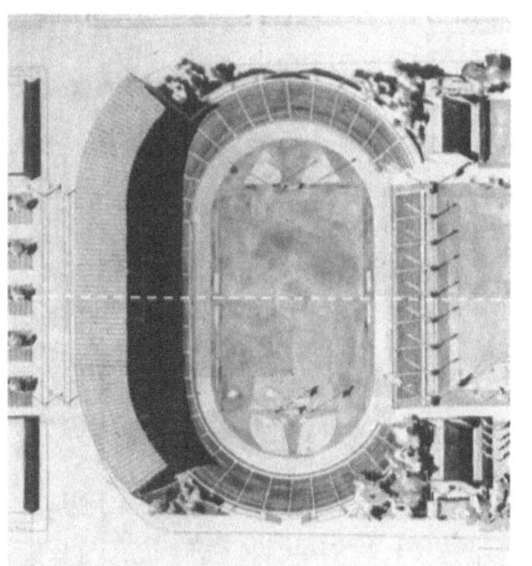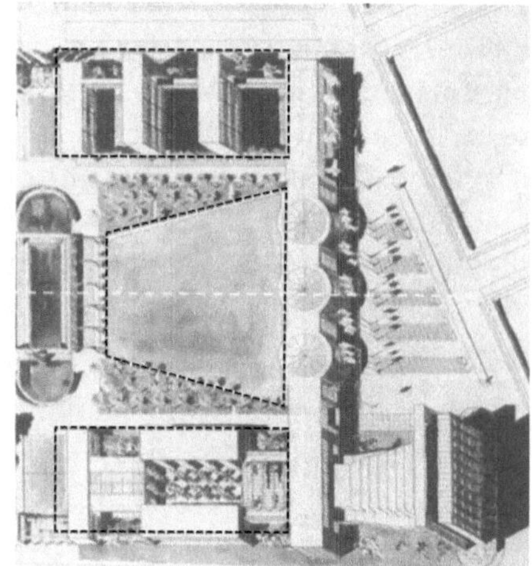

Hannes Meyer. Centro deportivo, cultural y social para la colonia española en México. 1940.
Detalles y simetrías: estadio, accesos.

jerárquico y monumental geométrica y topológicamente similar al utilizado diez años antes para el concurso del Palacio de los Sóviets.

Meyer articula el conjunto mediante una secuencia de segmentos. En el acceso, tras regularizar la forma del solar y definir los límites dentro y fuera, despliega un amplio espacio trapezoidal que congrega al público y le conduce a un frente de mástiles y a un gran edificio-pórtico cuyas puertas dan paso al recinto. En los extremos y a ambos lados del pórtico define dos subsistemas de edificios y espacios no idénticos pero agrupados en conjuntos simétricos compositivamente subordinados. Frente a la entrada, en el eje del edificio simétrico de piscinas, desdobla la trayectoria y dirige las circulaciones a dos paseos longitudinales que articulan del conjunto y conducen al estadio. Entre ellos una secuencia de pares de pistas para distintos deportes, simétricamente situadas respecto al eje virtual, crea un gran espacio central flanqueado por dos bandas de igual anchura (pistas a un lado y jardines al otro) rematadas en los extremos por sendas plazas (jardines para las romerías) igualmente simétricas respecto al eje.

Entrada ceremonial, un eje virtual visualmente interrumpido, axialidad, simetrías y simetrías parciales, circulaciones y al final, en el punto más elevado, el edificio de congregación: en lugar de la gran sala, el estadio igualmente abierto en su frente en signo de acogida al final de los recorridos.[17] La similitud ya comentada con el proyecto Meyer para el Palacio de los Sóviets es evidente: entrada ceremonial bajo y entre un edificio; dos paseos; un conjunto de pistas en lugar de explanada; y dos circulaciones que culminan en el gran edificio colectivo.

Al organizar este conjunto unitario Meyer respeta y especializa los contenidos pero forzando su geometría y posición lo monumentaliza deliberadamente.[18] Con ello, más que caracterizarlo como centro cultural deportivo un Meyer militante parece atribuirle el papel simbólico-psicológico de homenaje a los españoles republicanos que huyendo del régimen franquista encontraban en México apoyo y acogida; expresando a través de ellos la lucha socialista frente al fascismo.

Al igual que en su experiencia URSS, en este primer proyecto mexicano hay un Meyer funcionalista de análisis y razón, y un Meyer que asume razones psicológicas como argumento ideológico-simbólico-figurativo y justificación funcional de orden superior.

COLONIA OBRERA LAS LOMAS DE BECERRA

En octubre de 1942 Meyer asumió el cargo de director de la sección de habitación obrera, Secretaría del Trabajo y Previsión Social, en

[17] GORELIK, A. (1990), pág. 26:
"[Meyer] en su anteproyecto, intenta combinar un extremo rigor en la disposición de los volúmenes y la traza general, con una composición monumental, que pueda ser percibida globalmente mediante configuraciones de alto valor escenográfico, como la del acceso. [...] El complejo, para Meyer, como una metáfora de ciudad, debe ser una máquina exacta, que incluya lo monumental y lo épico, pero nunca lo casual; en la que todo conduzca a fines precisos; en la que las masas obreras puedan desfilar marcialmente y el conjunto volumétrico se comporte como una gigantesca obra teatral firmemente pautada".

[18] Formalmente el conjunto de edificios del centro para la colonia española entronca con la monumentalidad moderna que se abría paso en México, y cuyo ejemplo más notable vendría algo más tarde, en 1950, con el proyecto de Ciudad Universitaria de Mario Pani, mexicano formado en París.

la que, además de estudios de asentamientos para braceros y de viviendas tipo para apartamentos colectivos, llevó a cabo su principal proyecto urbano en México: un conjunto residencial modelo sobre 60 hectáreas, en las Lomas de Becerra, al oeste de la capital, para 12.500 trabajadores de empresas y de la industria militar.[19] Un proyecto sincrético en que Meyer aúna doctrinas y experiencias Bauhaus y URSS.

Como se trataba de una iniciativa pública con objetivos sociales dirigidos a la clase obrera, las condiciones de proyecto eran similares a las que Meyer había reclamado repetidamente como necesarias para un verdadero urbanismo: propiedad pública del suelo, ausencia de motivaciones especulativas y de contradicción entre los intereses de quien promueve y quien habita. En ese contexto Meyer podría poner en práctica sus planteamientos racional-funcionalistas y aplicar sin mayores restricciones las directrices y experiencias URSS.

Desde esa plataforma y con las investigaciones sobre los modos de vida en México,[20] el proyecto de las Lomas responde al tipo propuesta secuencial que caracterizó el proyecto-ciudad de la modernidad.[21] Comienza por definir el tipo de vivienda, continúa por determinar el tipo de edificios que las contiene, decide los modos de agrupación de edificios y equipamientos, los articula en una trama... y así hasta alcanzar el conjunto.

Respecto de las viviendas, Meyer mantiene el concepto de homogeneidad democrática de clase que en la Bauhaus identificó con igualdad-repetición. Utiliza un repertorio limitado de tipos con un rango

[19] LEIDENBERGER, G. (2014), pág. 528. El proyecto de Meyer en las Lomas no llegó a construirse. En su lugar se construyó en 1957 el centro urbano Santa Fe con proyecto del arquitecto Mario Pani.

[20] MEYER, H. (1940 b).

[21] El proyecto ciudad que comienza por la vivienda está, por ejemplo y entre otras, en las propuestas urbanas de Le Corbusier y de Hiberseimer que fue profesor de urbanismo en la Bauhaus de Meyer. Ver BENEVOLO, L. (2000).
En la Carta de Atenas, CIAM IV 1933:
"88. El núcleo inicial del urbanismo es una célula de habitación (una vivienda) y su inserción en un grupo que forme una unidad de habitación de tamaño eficaz".
"89. A partir de esta unidad-vivienda se establecerán en el espacio urbano las relaciones entre la habitación, los lugares de trabajo y las instalaciones consagradas a las horas libres".

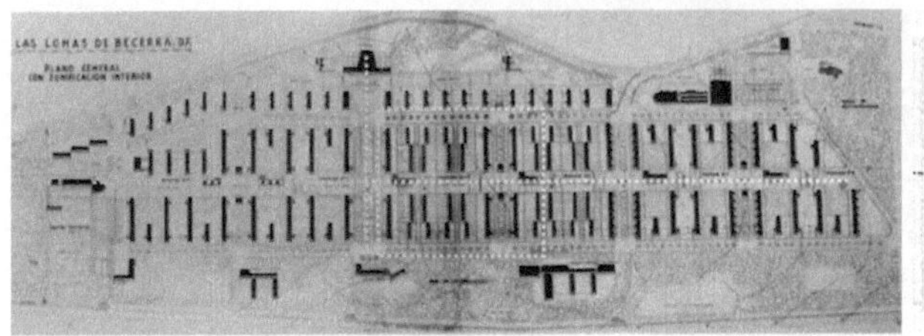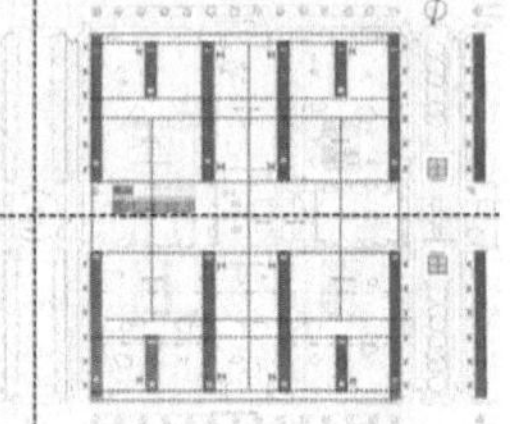

Hannes Meyer. Colonia obrera de las lomas de Becerra. 1942-1943. Planta general. Manzana en S.O. destacando ejes, sub ejes y bandas de ocupación.

limitado de variantes y las organiza en bloques lineales colectivos (claramente similares a los utilizados en Törten) y en alineaciones más cortas de viviendas unifamiliares. La homogeneidad de tipos le permite aplicar una lógica modular y dimensional, de abajo arriba, que surgida del protagonista vivienda extiende al resultado manzana y al trazado del conjunto ciudad.

Siguiendo las directrices URSS para el diseño de conjuntos obreros en ciudades socialistas, estructura el conjunto de viviendas agrupándolas en manzanas equipadas de gran dimensión para colectivos de unas 2.000 personas (4 hectáreas, 400 viviendas) en las que, además de viviendas, escuelas, deporte y otros servicios públicos de cotidianeidad, incluye huertos cooperativos que persiguen ideales de agricultura comunitaria. Todas las manzanas son idénticas y simétricas, unifican su presencia mediante bloques idénticos y simétricos en los testeros y se subdividen en bandas longitudinales que también se ocupan simétricamente. A partir de ese diseño Meyer articula la ordenación mediante un eje longitudinal, formado por la secuencia de bandas colectivas de espacios libres equipados, y otro transversal consistente en una corta avenida principal que culmina perspectivamente en el eje de un gran salón de actos para todos los residentes.

Dos viarios iguales delimitan el conjunto de manzanas. Tras ellos sitúa una secuencia rítmica de edificios menores iguales y estrictamente paralelos (¿para solteros o trabajadores sin hijos?)[22] y los grandes equipamientos y espacios libres que separan a modo de filtro las viviendas y equipamientos locales de la autovía.

En las Lomas de Becerra la razón funcional pura cede de nuevo ante a una monumentalidad simbólica con estrategias de composición similares a las del centro para la colonia española, e incluso más marcadas: repertorio compositivo clásico convencional, jerarquización, formalización de componentes, ejes, simetrías parciales…; un juego casi fractal de geometrías descendentes y ejes perpendiculares entre sí frente al que sucumbe la por entonces deseada orientación óptima e igual para todas las viviendas.

Al igual que en el proyecto de centro para la colonia española, la ordenación de las Lomas de Becerra refleja dos modos de hacer que solo dejan de ser contradictorios si se asume que Meyer incorporó como función el efecto psicológico que un trazado a la "grand maniere" podría ejercer sobre la auto imagen de grupo de los residentes, y el deleite artístico subconsciente que en opinión de Meyer obtendrían de un "patrón artístico que sería percibido como armonía espacial por quienes allí vivieran".[23] Cabría pensar que en las Lomas de Becerra Meyer vio y exploró la posibilidad de mostrar un modelo de hábitat capaz de inducir transformación social y conciencia de clase (imagen de grupo = imagen de clase) y que ese empeño protagonizó cuanto diseño en las Lomas.

LA MANZANA DE CORPUS CHRISTI

El final de la Segunda Guerra Mundial cambió el panorama económico de México. Se pusieron en marcha inversiones pospuestas y se abrieron oportunidades nuevas. En 1945 Meyer, que venía ocupándose

---

[22] La larga tira de bloques idénticos y paralelos alineados en el lado norte de las Lomas de Becerra, de 1943, es similar a la que había utilizado al borde de las manzanas en el Törten siedlung de 1928.

[23] MEYER, H. (1933).

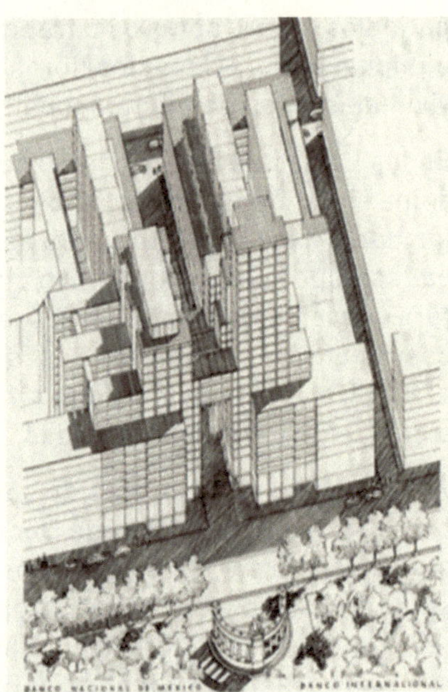

Hannes Meyer. Manzana del Corpus Christi, Banco Nacional de México y Banco Internacional, 1946.

de las exposiciones y actividades de difusión del Comité Administrador del Programa Federal de Construcción de Escuelas (CAPFCE), recibió el encargo de estudiar la implantación de dos bancos –el Nacional de México y el Internacional– sobre un solar céntrico previamente ocupado por el ya demolido Convento de Corpus Christi del que sólo quedaba en pie la capilla. Meyer lo aceptó. Presentó seis alternativas. En unas conservaba o desplazaba la capilla y en la que detalló más la suprimía.[24]

[24] FRANKLIN, R, (2012), pág. 36. Citando a Meyer en carta a Ersnst y Sacha Morgenthaler (s.f.):
"Al centro se encuentra una iglesia barroca como monumento histórico, la vamos a montar sobre ruedas y mover a otro sitio o debemos numerarla y reconstruirla en algún otro lugar".

Había proyectado otra sede bancaria, para la ADGB en Berlín pero aquí no se trataba de un proyecto con fines cooperativos sino bancario-inmobiliario-especulativos: una situación irónica difícil de encajar en los propósitos de construcción de una nueva sociedad. Volumetría y especulación del terreno nada tienen que ver con socialismo. Al margen de los motivos por los que aceptó el encargo,[25] cabe preguntarse cómo lo adaptó sin incurrir en demasiadas contradicciones en sus preceptos y actitudes.

Meyer llevaba años sin proyectar y sabía por experiencia propia que México no era el lugar donde desarrollar una arquitectura socialmente comprometida. Pero el que no lo fuera no impedía mantener intactas las convicciones respecto de una práctica meticulosa basada en el análisis funcionalista del propósito, el programa y las condicionantes. Y al igual que antes en la URSS, pudo pensar que –con independencia de los motivos del encargo y de sus implicaciones simbólico formales– el proyecto podía contribuir a demostrar el poder conformador de una arquitectura racional, constructiva, funcional, con los medios y materiales de los tiempos:

"La arquitectura es [...] materia de moral pública. El arquitecto cumple su función moral si analiza su encargo de un modo directo y veraz y lo da forma edificada con honestidad y valentía."[26]

Podía ser una victoria parcial, pero victoria al fin.[27]

[25] FRANKLIN, R. (2012), pág. 35:
"Paradójicamente, el arquitecto marxista que decía debía vivir entre el proletariado para comprender sus necesidades y forma de vida, terminó trabajando para los mayores representantes del capitalismo [...] Pero, ¿qué tipo de prostitución era la que tanto le angustiaba? ¿Se trataba de la ideológica o de la arquitectónica? Seguramente eran ambas; por un lado, aceptar una comisión del polo opuesto del espectro ideológico le abría la posibilidad de resolver sus problemas económicos, pero ¿a qué precio? Decía a Mario Montagnana: "Como verás, estoy ahora en el centro bancario, ¿y si quisiera hacerme rico?, sería preparado el trampolín"."

[26] MEYER, H. (1938 a).

[27] FRANKLIN, R. (2012), pág. 37. Victoria amarga: con la devaluación del peso y subsecuente crisis económica de 1946 se suspendió el proyecto y no le pagaron buena parte de sus honorarios.

El solar, de grandes dimensiones,[28] en el centro histórico de Ciudad de México, cruzaba de lado a lado la manzana dando frente a dos avenidas, una de ellas junto a un parque. Para aprovechar toda su superficie, Meyer propone dividirlo en dos, una mitad para cada banco, mediante una calle interior longitudinal que multiplicaría la longitud de fachadas disponibles. Asumida esta estrategia, la propuesta de Meyer no se limita a ordenar la envolvente de los volúmenes sino que define su arquitectura y lenguaje.

Su proyecto –con influencias reconocibles del lenguaje y las formas que había empleado para los bloques de oficinas de la Sociedad de las Naciones y en la disposición de los pabellones paralelos en el banco ADGB– proponía construir dos conjuntos similares de volúmenes prismáticos enfrentados, de distintas alturas, con el espacio calle como plano general de simetría. En sus primeras plantas ambos son iguales y ajustan su altura a la de los edificios colindantes (menor en el frente hacia la avenida y mayor en el del parque). Sobre ese cuerpo inferior erige sendas torres iguales salvo en su altura; y para fundir los dos bancos en un solo conjunto las enlaza por prismas horizontales que sobrevuelan el vano de la calle. Constructivamente nada es opaco; fachadas de vidrio y modulación estricta expresan la construcción y el rigor métrico modular.

Pero, al igual que en el centro para la colonia española y en Lomas de Becerra, el proyecto cede al formalismo del mensaje institucional y la monumentalidad simbólica. Enfatiza la simetría acentuando la presencia de ambas torres frente al parque y centrando el eje perspectivo en un semicircular y clasicista monumento a Juárez.

Sin trazas del regionalismo o identidad local, sin sombras de Realismo Socialista o figuración pero con algunas de sus secuelas retóricas, la manzana de Corpus Christi fue como una mirada atrás desde un presente asumido. Fue una ensoñación de convicciones centro europeas trasplantadas sin ajustes a un México complejo en el que "no estuvo en ningún momento en condiciones de comprender las

[28] Solar Corpus Christi. Superficie: 12.683 m². Dimensiones aproximadas: 95 m. de frente por 130 m. de fondo. Frentes, conforme a nomenclatura en planos de proyecto: sur: Avenida Independencia; norte: Avenida Juárez y monumento a Juárez en el parque colindante.

ambigüedades, las contradicciones, los matices, las contramarchas y las direcciones zigzagueantes que asumía el proceso real".[29] Cómo en sus anteriores proyectos mexicanos, en el proyecto Corpus Cristi hay varios Meyer: el que afirma el método racionalista constructivo e internacional; el que integra como función social la incorporación de aspectos y voluntades institucionales extra arquitectónicas; y en este caso el que asume la futilidad del intento y, renunciando a preguntarse sobre el propósito y el por qué, ve en el encargo la oportunidad de llevar a cabo un honesto ejercicio profesional.

[29] LIERNUR, J. F. (1988), pág. 26.

EPÍLOGO

Poco después del proyecto Corpus Christi, en 1949, Meyer era seguramente consciente de que su trayectoria mexicana no iba a dar más de
sí. Llegaba el final de un ciclo y era el momento de emprender la salida;
aunque más que una salida fue un regreso.

REGRESO

Cuando recibió en encargo de Corpus Christi Meyer llevaba tiempo
refugiado en posiciones subalternas en instituciones relacionadas
con la construcción y el proyecto, pero sin proyectar.[1] Lo compensa-
ba dedicando tiempo y trabajo a "La Estampa Mexicana" (producción
colectiva indígena de grabados y litografías) creada por él como parte
del Taller de Gráfica Popular. Sin embargo aquél encargo abrió un
horizonte de expectativas. "Mis clientes aquí son grandes bancos
[que] han ido dándose cuenta lentamente que los bolcheviques no son
nada malos planificadores."[2] Tras Corpus Christi vinieron otros posibles trabajos, el último en abril de 1949;[3] pero ninguno llegó a nada.

En esa situación, Meyer, con escasos ingresos[4] y haciendo ver que su
coyuntura era fruto de su voluntad –"con los banqueros no quiero ya

[1] Por ejemplo: la preparación junto con Lena Meyer-Berger de la exposición de edificios
escolares realizados por el Comité Administrador del Programa Federal de Construcción
de Escuelas (CAPFCE), plasmada en varias maquetas y 118 grandes paneles de cuidadosa modulación y geometría compositiva.

[2] LIERNUR, J. F. (1988), págs. 24, 25.

[3] LIERNUR, J. F. (1988), págs. 23, 24:
"La prosperidad de 1945 provenía de los buenos contactos que Meyer aun conservaba con
el gobierno: el Ministro de Higiene le había encargado la planificación de su ciudad natal,
Tlalnepantla, "algo de parecido a Birobidzhan"; y de otro de sus conocidos, director del
Banco de Obras Públicas, había recibido el encargo del plan para un balneario en Cuaut-
la [...] Además el plan para una gran industria en Pachuca (estado de Hidalgo), [...] una
posibilidad de desarrollar un plan sobre 30 hectáreas del Pedregal de San Ángel,... al sur
de la ciudad de México".
Y, citando a Meyer en Carta a Rita Meyer 30, enero, 1948:
"Hace cuatro meses estaba todo muy quieto... pero en estos días han llamado a la puerta no
menos de tres grandes operadores con grandes encargos (que todavía no están firmados)"

[4] ERNST, W. SOHN, V. (1989), pág. 353. Al acabar Corpus Christi Meyer carecía de rentas
y, debido a la depreciación del peso, perdió prácticamente todos sus ahorros.

comprometerme con proyectos grandes; me parece prostituirme
arquitectónicamente"–,[5] comenzó a organizar su regreso. Contactó
con ex alumnos de la Bauhaus y con compañeros alemanes e italia-
nos, sin éxito, y con amigos suizos que le facilitarían el regreso;[6] y
el 2 de septiembre de 1949 los Meyer, dejando atrás la que había sido
su vivienda de la calle Villa Longín 46-B, embarcaron en el Andrea
Gritty rumbo a Europa, desde el mismo Veracruz al que habían llegado hacía diez años.

Las verdaderas razones de su regreso dependen de quién las valo-
re ¿Dificultades económicas y falta de trabajo? ¿Desengaño, poca
salud, edad? ¿Deseo de participar en la reconstrucción europea?...
Probablemente algo de todas. Pero si se atiende a lo a lo que escribió, Meyer no habla de dineros; habla de un hastío que puede enten-
derse de dos maneras. Una haría referencia a la corrupción gene-
ralizada de personas e instituciones de la que se había quejado, y
continúo quejándose, casi desde su llegada:

> "[En México] todo se compra, todo puede lubricarse y quien no mar-
> cha de ese modo se encuentra en una difícil situación. [Del IPU:]
> Plena cultura de la corrupción [...] los responsables solo se interesan
> [...] en asegurarse un buen bocado del encargo. [Del IMSS:] burocra-
> tizado y corrupto."[7]

Otra reflejaría la postura de quien, para no renunciar a sus convicciones, había ido reduciendo su espacio profesional, retrayéndose y
aislándose del entorno político institucional, de las camarillas y de
las maniobras del capital.

[5] LIERNUR, J. F. (1988), pág. 24.

[6] ERNST, W. SOHN, V, pág. 353. Meyer contactó con el director del Instituto Estatal de
Construcción en Chile (¿Universidad de Santiago?). En mayo de 1949 entendió que en
México no tendría más posibilidades profesionales y pensó en los EEUU o Canadá. En
1947 buscó el apoyo de un ex alumno de la Bauhaus, Waldemar Alder, contactó con el
responsable de planeamiento de Berlín [director municipal de Edificación] Heinrich
Starck, y en la isla de Rügen, al norte de Alemania, con una academia de arte orientada
la construcción de la vivienda. Sus amigos Arnold Hoechel, Juan Torcapel y Hans Berger,
facilitaron su regreso a Suiza.

[7] LIERNUR, J. F. (1988), pág. 14. Citando a Meyer en carta a sus tíos Lise y Karl, de 21.3.1947.

"Tengo después de la experiencia de estos últimos años el vivo deseo de salir de este ambiente: pútrido. [...] No quiero enterrarme vivo, como hasta ahora."[8]

En todo caso, el saldo de su experiencia y su esfuerzo debió haber sido positivo. En la medida en que el contexto político y social lo permitió y a la escala en que pudo se esforzó en ser el experto comprometido que cumple su función moral si analiza su trabajo desde su verdad y lo lleva a cabo directa y honestamente. Uno contra todo no gana.

Las opciones profesionales que Meyer pudiese haber esperado en su regreso a Europa no dieron resultado. En Italia, pese a su amistad con Togliatti y otros miembros del PCI, su condición de extranjero era un obstáculo. En la Alemania ocupada, a la que habían escrito hablando de Meyer como el hombre más importante para la reconstrucción, sopesaron algunas posibilidades, entre ellas la de trabajar en una posible universidad en Rügen, al norte de Alemania, pero ninguna prosperó. Más adelante sus intentos en la recién creada RDA, 1949, chocaron con el repudio oficial del arte y la arquitectura modernas (y por ende y explícitamente de la Bauhaus) desacreditadas como formalismo burgués capitalista vinculado al imperialismo político. Paradójicamente, para la RDA, el Gropius de la elitista Harvard y el esforzado estalinista Meyer merecían igual trato y sus obras igual rechazo.[9] Sin otras expectativas y con muchas horas y días por delante, Meyer se retiró al pueblo de Crossifisso, cerca del lago de Lugano, al sur de Suiza, próximo la frontera con Italia, supuestamente con la intención

[8] LIERNUR, J. F. (1988), pág. 3.

[9] ERNST, W. SOHN, V. (1989), pág. 28. La RDA pensó en demoler los edificios de la Bauhaus y los reutilizó para otros fines alterando su arquitectura cerrando con arquitectura convencional las fachadas acristaladas y añadiendo cubiertas inclinadas. Se rehabilitaron en 1976.

El arquitecto responsable de la Stalinallee en Berlín, Hermann Henselmann, calificó a Meyer como representante de un constructivismo reaccionario y al edificio de las escuelas ADGB de Meyer como terrible fábrica de educación.

de reflexionar y escribir sobre su vida,[10] su trabajo y sus teorías de proyecto, arquitectura, urbanismo y docencia.[11] Su poca salud lo impidió.

UN CUADRO REVELADOR

¿Por qué el olvido de entonces y por qué el aprecio tardío? El propio Meyer dejó pistas reveladoras cuando, al final de su trayectoria posó con textos, dibujos y objetos para que le retratasen en un cuadro revelador.

Meyer había vuelto a Europa haría cinco años. En Crossifisso dedica su tiempo a reunir su trabajo y piensa en escribir. Allí, en algún momento entre 1952-53, Meyer posó para Paul Camenish, pintor expresionista, amigo y compañero de antes con quien había compartido inquietudes y experiencias desde los años 20.[12] Camenish le retrata rodeado de textos, dibujos y objetos en cuya selección Meyer tuvo sin duda mucho que ver.[13] No hay en el cuadro nada casual. Más que un retrato es una biografía reveladora.

Meyer, sentado, ocupa casi la mitad derecha del lienzo. Aparece más grueso que en sus fotografías de antes, relajado, sobre un taburete de cuatro finas patas de madera y asiento tapizado. Calza mocasines artesanales y viste un holgadísimo pantalón blanco, camisa roja y jersey azul, ¿un guiño al grupo de artistas expresionistas de izquierdas "Rot-Blau" (Rojo-Azul) en el que militó Camenish?

[10] En diversos momentos Meyer escribió sobre sus experiencias en la Bauhaus y otras: redactó, sin fecha, un esquema de relato de su experiencia en la URSS; en 1949, al salir de México ultimó unos apuntes biográficos; y en algún momento tras su regreso escribió lo que parece el guión de un relato de sí, de su compromiso y de su obra, (en MEYER, H. s. f.).

[11] SCHNAIDT, C (1965).

[12] Paul Camenish (1893-1970). Pintor, arquitecto y diseñador suizo, formó parte del grupo expresionista Die Brüke (1905) y fue co-fundador de los grupos Rot-Blau I (1924-1926), Rot-Blau II (1928) y del antifascista Gruppe 33 en Basilea (1933) que dirigió hasta 1953.

[13] Al observar el retrato de Meyer por Camenish surge la pregunta: ¿de quién fue la iniciativa? El estilo expresionista propio de Camenish dista mucho, y es de mucha más calidad, que el del figurativo, realísticamente enunciativo y razonablemente torpe estilo del retrato. Tanto si la iniciativa y la petición surgieron de Meyer y el favor lo prestó Camenish como si fue Camenish quien sugirió y Meyer aceptó, está claro que el propósito no era un retrato en su sentido artístico sino un relato en su sentido biográfico.

Paul Camenisch. Retrato de
Hannes Meyer, 1952-1953.

Cubre su pelo cano y frente despejada con el mismo tipo de boina oscura
con la que le fotografiaron en sus años de México: una imagen muy dife-
rente de su cuidada apariencia de estudiante, o de su intensidad como
proyectista, o de su porte profesoral a la vez próximo y distante de sus
años en la Bauhaus,[14] o de su escrutinio de los años en la URSS antes de
ir a México. Cinco etapas. Todas están en los objetos del cuadro.

Meyer dirige su mirada fuera del lienzo y su posición y actitud podrían
sugerir que observa y piensa en el pasado selectivo del que, cual un
índice no cronológico, hablan los objetos que le rodean.

[14] MEYER, H. (1930 a). En su carta abierta al burgomaestre de Dessau con motivo de su
expulsión de la Bauhaus, Meyer se autopresentaba describiendo su estado y su apariencia:
"Soy suizo, tengo cuarenta años, estoy casado, vivo separado de la familia; tengo una
altura de 1,74 metros, cabello entrecano, ojos grises-azules, nariz, boca y frente media-
nas, según se dice en el pasaporte librado por la Confederación Helvética; señas parti-
culares: exteriormente ninguna".

En el estante inferior, además de papeles (¿sus escritos?), hay cuatro libros que pueden verse como síntesis apretada y parcial de su trayectoria vital:

- Un destacado y bien visible grueso tomo sobre Palladio, de quien un Meyer joven en formación había escrito con entusiasmo no exento de orgullo: "dibujé a horas libres todos los proyectos de Palladio, en treinta hojas DIN de 420×59,4 [DinA2] a escala única".[15]

- Un atlas general, el "Andrees Handatlas",[16] que sintoniza con sus viajes de formación y proyectos, y con sus periplos como profesor, profesional y conferenciante asiduo que cambió de países y continentes.

- Un volumen con la inscripción GTG#1 (en caracteres cirílicos: ГТГ # 1) que podría ser el primer volumen en ruso de una publicación mayor o periódica.

- Un ejemplar de El Libro Negro del Terror Nazi en Europa, editado en México, por la Editorial El Libro Libre, en cuya edición Meyer, como activista de izquierdas, colaboró activamente durante su estancia en México.[17]

En el estante superior hay varios conjuntos encuadernados (uno con los números 7 a 11) de lo que podrían ser publicaciones periódicas, no identificadas, en línea con la sostenida actividad editorial que Meyer inició en el equipo de redacción de la revista *ABC*,[18] expandió en la Bauhaus y continuó a lo largo de su trayectoria en otras publicaciones.

Junto a la estantería, en la esquina superior derecha, cuelga un xilograbado con la figura de un caballo encabritado, El Bruto, de Leopoldo Méndez publicado por el Taller de Gráfica Popular Mexicana, TGP

---

[15] MEYER, H. (1993).

[16] Richard Andree. *Andrees Allgemeiner Handatlas.* Velhagen & Klasing, Alemania. Primera edición en 1881; múltiples reediciones, la última en 1937.

[17] AA.VV. *El libro negro de terror nazi.* México. Editorial El Libro Verde. 1943. Testimonios de escritores y artistas de 16 naciones en el que Hannes Meyer colaboró como responsable de ilustraciones y maquetación.

[18] Por contexto, podrían haber sido números de la revista *ABC-Beiträge zum Bauen 1924-1928*, pero solo se publicaron diez números. 6 en su primera etapa y 4 en la segunda.

En el cuadro de Paul Camenish: 1, Andrees Handatlas, escritos, Γ T Γ # 1, Palladio y El libro de Terror Nazi en Europa. 2, xilograbado El Bruto, de Leopoldo Méndez en La Estampa Popular. 3, tapiz por Lena Meyer Berger.

en 1942,[19] con el que Meyer y su mujer Lena, desde su aprecio por la cultura autóctona, habían colaborado activamente y cuya obra editó y quiso difundir en Europa.

Y sobre el suelo, en la banda inferior del lienzo, una alfombra con trazados geométricos tejida por su mujer, Lena Gunter-Meyer.

Frente a todo ello, ocupando gran parte del lienzo y desplegada cual capote en manos de Meyer, el cuadro destaca la pieza principal: una lámina en la que aparecen cuatro de sus proyectos:

- Propuesta para columbario en el cementerio de Hörnli, 1922, su momento de cambio.

- Propuesta para la sede de la Sociedad de Las Naciones, 1927, su más destacado proyecto-manifiesto.

- Escuela sindical ADGB para la Confederación Alemana de Sindicatos, 1928-1930, su obra clave en tiempos de la Bauhaus.

[19] MEYER, H. Ed. (1949). TGP. México. *El Taller de Gráfica Popular: doce años de obra artística colectiva.* México City, La Estampa Mexicana. 1949.
Leopoldo Méndez era, en palabras de Meyer, "el mejor grabador mexicano del siglo XX". Méndez fue cofundador del TGP en 1937, e intervino en la del Partido Popular Socialista de México, en 1947.
Meyer publicó algunos dibujos del TGP en la revista *Rinascitá*, de Togliatti a quien había conocido y tratado en México y del que recibió apoyo al volver. Ver: ANGELI, F. (2002), pág. 123.

• Propuesta para el área central en el concurso para el Gran Moscú, 1932, su primer e ilusionado proyecto soviético.

Para el observador esta apretada selección de objetos y proyectos señala hitos clave de dos biografías entrelazadas: la personal, con sus giros y avatares; y la del Meyer arquitecto y urbanista que quiere traer a primer plano los proyectos emblema que marcaron y dan testimonio de su evolución profesional.

Pero para el observador también importa lo que no está y por qué Meyer decidió que no estuviera (o que, sin estar, consideró implícitamente representados, como antecedentes o afines, por los seleccionados).

• No están sus primeros trabajos independientes o como colaborador en otros estudios, ni su etapa "Neue Sachlichkeit" del Freidorf siedlung del que tanto se enorgulleció y escribió.

• No están la Petersschule ni sus primeros momentos constructivistas políticamente menos comprometidos.

• No están los trabajos de coordinación o proyecto urbano soviéticos posteriores a su debut con el plan de Moscú.

• Y no están ni ninguno de sus trabajos profesionales en México.

El retrato y su contenido no son algo trivial: el retrato en sí porque implica la voluntad de un Meyer rodeado de mementos-testimonio queriendo que se le viese como él se veía; y el contenido porque a través de sus objetos muestra puertas de entrada al sostenido corpus proyectual, teórico y político que subyace bajo el aparente zigzag de una trayectoria difícil. El cuadro en que Camenish retrata a Meyer trenza el hilo conductor de un relato unitario: el de su vida y el de sus intereses, trabajos y auto exigencias, condicionado por circunstancias y contradicciones. Las presencias y omisiones resumen al Meyer que del cooperativismo reformista transitó al estalinismo y entendió y defendió la dimensión política de una arquitectura veraz al servicio de la clase proletaria; y jalonan la trayectoria de un idealista que sin cambiar de criterios supo reconocer y vivir desde su yo íntimo una realidad de cambios drásticos.

En Crossifisso Meyer seleccionó el atrezo, eligió vestimenta y posó para ser retratado por Camenish, compañero y camarada, y dar testimonio

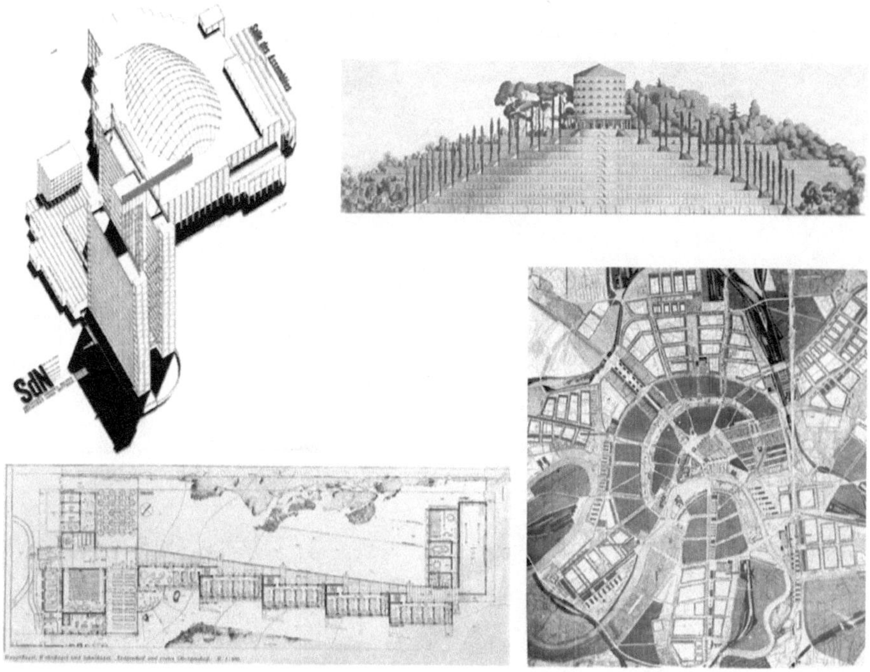

Los cuatro proyectos de Hannes Meyer reproducidos en el cuadro de Paul Camenish.

de sí y de su hacer: su último testimonio. Falleció poco después, el 19 de julio 1954. Su mujer, Lena Meyer-Berger, cuidó y administró el copioso archivo de dibujos, cartas y escritos. En él están las claves del recorrido comprometido y sin tregua de:

> "un idealista y un reformador social, [que reconoció] cada vez más las fuerzas motrices que provienen de la clase proletaria [...] como lucha contra el enemigo exterior."[20]

El tiempo ha descorrido las cortinas.

[20] MEYER, H. (1972).

BIBLIOGRAFÍA CONSULTADA

ANGELI, F. (2002). *Hannes Meyer: un racionalista in estilo: architettura, urbanística e política, 1930-54.* Milán. Franco Angeli.

ANTONAS, A.; AURELI, P. V.; FRANKLIN, R. (2015). *Hannes Meyer: Co-op Interieur (Reihe Wohnungsfrage).* Leipzig. Spector Books. Co-publicado con: Haus der Kulturen der Welt, Berlin.

BARBERO RIVADENEIRA, P. (2004). *Hannes Meyer / Vida y Obra.* México. México City. UNAM, Facultad de Arquitectura.

BENEVOLO, L. (2000). *La proyectación de la ciudad moderna.* Barcelona. Gustavo Gili.

BORRA, B. (2013). "Hannes Meyer: Co-op Architecture". En: *The City as Project' Research Collaborative* (blog). http://thecityasaproject. org/2013/05/hannes-meyer-co-op-architecture/.

DAL CO, F. (1972). *El Arquitecto en la lucha de clases y otros escritos.* Barcelona. Gustavo Gili. Selección, prólogo y notas de Francesco Dal Co.

DEARSTYNE, H. (1986). "Architectural education at the Bauhaus". En: SPAETH, D. (editor). (1986). Págs. 195-219.

DJALALI, A. (2015). "The Architect as Producer: Hannes Meyer and the Proletarianisation of the Western Architect". En: Delft. Revista *Footprint*, núm. 17.

DROSTE, M. (2002). *Bauhaus, Bauhaus Archiv 1919-1933.* Berlin. Bauhaus archiv Museun für Gestaltung. Tashen Benedikt.

DUSSEL, S. C. (1995). "La Arquitectura de Hannes Meyer y Max Cetto". En: HANFFSTENGEL, R. TERCERO, C. (editores). 1995. *México, el exilio bien temperado.* México City. Universidad Nacional Autónoma de México.

ERNST, W.; SOHN, V. (editores). (1989). *Hannes Meyer 1889-1954. Architect, urbanist, lehrer.* Berlin. Cátalogo de la exposición "Hannes Meyer 1889-1954. Architect, urbanist, lehre", Architectur und techniche Wissenschaften, Bauhaus Archiv, Deustches Architekturmuseum, Berlin 1989.

ESÄIAN, E. (2012). "Le Plan General de Reconstruction de Moscou de 1935". En: PUCA. *Les annales de la recherche urbaine*, núm. 107. Paris, La Défense.

FISHER, A. (2012). "Planning the Capital City of a 'community of fortune' in the soviet far east: Hannes Meyer's scheme for the jewish autonomous oblast of Birobidzhan (1933-1934) ". En: *15th IPHS Conference, Cities, nations and regions in planning history*. Sao Paulo.

FORGÁCS, E. (1995). *The Bauhaus Idea and Bauhaus Politics*. Budapest, London, New York. Central European University Press, CEU.

FRAMPTON, E. (1981). "La Bauhaus: la evolución de una idea, 1919-1932". En: FRAMPTON, E. *Historia crítica de la arquitectura moderna*. Gustavo Gili. Págs. 125-131.

FRANKLIN UNKIND, R. (2012). "Experiencia de Urbanismo: los proyectos urbanos de Hannes Meyer en México". En: *DEARQ: Revista de Arquitectura de la Universidad de los Andes*, núm. 12. Bogotá. Págs. 28-41.

FRANKLIN, R.; MOLLER, W.; T. LEIK (eds). (2016). *The Coop Principle: Hannes Meyer and the Concept of Collective Design*. Leipzig. Spector Books.

GORELIK, A.; LIERNUR, J. F. (1993). *La sombra de la vanguardia: Hannes Meyer en México, 1938-1949*. Buenos Aires. Instituto de Arte Americano e Investigaciones Estéticas Mario J. Buschiazzo.

GORELIK, A. (1990). *El arquitecto en la construcción de 'capitalismo real': Hannes Meyer en México 1938-1949*. Buenos Aires. Instituto de Arte Americano e Investigaciones Estéticas Mario J. Buschiazzo.

GRAVAGNUOLO, B. (1998). *Historia del urbanismo en Europa 1750-1960*. Ediciones Akal. Primera edicion Gius, Laterza e Figli, 1991.

GROYS, B. (2011). *The Total Art of Stalinism: Avant-Garde, Aesthetic Dictatorship, and Beyond*. London. Verso Books. Originalmente publicado en Alemania en 1988 como: Gesamtkuntswerk Stalin.

GUBLER, J. (1983). *ABC Magazine 1924-1928, avanguardia e architettura radicale*. Milán. Electa.

HAYS, K. M. (1995). *Modernism and the posthumanist subject. The architecture of Hannes Meyer and Luidwig Hiberseimer*. Cambridge. Ma. The MIT Press.

HERTZBERGER, H. (2000). "Hannes Meyer, Petersschule, Basle". En: Rotterdam. 010 Publishers. *Space and the Architect: Lessons in Architecture 2*. Págs. 68, 69.

HERVAS Y HERAS, J. (2014). *El camino hacia la arquitectura: las mujeres de la Bauhaus*. Madrid. Universidad Politécnica de Madrid, Escuela Técnica Superior de Arquitectura. Tesis doctoral.

HERVAS Y HERAS, J. (2015). *Las mujeres de la Bauhaus: de lo bidimensional al espacio total*. Buenos Aires. Nobuko. Diseño Editorial.

INGBERMAN, S. (1994). *ABC: International Constructivist Architecture, 1922-1939*. Boston. Massachusetts Institute of Technology.

KIEREN, M. (1990). *Hannes Meyer, Dokumente zur Frühzeit: Architektur und Gestaltungsversuche, 1919-27*. Stuttgart. Arthur Niggl.

KIEREN, M.; LICHTENSTEIN, C. (1990). *Hannes Meyer Architekt 1889-1954. Schriften der zwanziger Jahre im Reprint*. Baden. Verlag Lars Müller.

KOOP, A. (1974). *Arquitectura y urbanismo soviéticos de los años veinte*. Barcelona. Editorial Lumen.

KOOP, A. (1990). "Foreign architects in the Soviet Union during the first two five-year plans". En: WILLIAM C: BRUMFELD, ed., *Reshaping Russian Architecture: Western Technology, Utopian Dreams*. Cambridge Cambridge University Press. Reproducido en The Charnel House (blog): https://thecharnelhouse.org/.

LEIDENBERGER, G. (2014). "Todo aquí es vulkanisch. El arquitecto Hannes Meyer en México, 1938 a 1949". En: ROJAS, L. DEEDS, S. (coords.). *México a la luz de sus revoluciones*. México. El Colegio de México A. C. Pàgs. 499-539.

LIERNUR, J. F. (1988). "Hannes Meyer en México". En: Buenos Aires. *Revista del Instituto de Arte Americano e Investigaciones Estéticas*, núm. 2.

MAGLIO, A. (2002). *Hannes Meyer: un razionalista in esilio: architetura, urbanística e política 1930-1954*. Milano. Franco Angeli S.R.L.

MARCHÁN FIZ, S. (1966). *Las vanguardias históricas y sus sombras: 1917 1930*. Madrid. Espasa Calpe. (Págs. 537-593: "La Segunda Bauhaus en la órbita de la Internacional Constructivista: 1922-1933").

MERTEN, B. (2005). *Der spezifische Beitrag Hannes Meyers zum Bauhaus*. Bonn. Magisterarbeit, Rheinische Friedrich-Wilhelms Universität. Tesis doctoral.

MEYER, H. (1921). *Freidorf Siedlung 1921*. Berna. En DAL CO, F. (1972).

MEYER, H. (1925). *Freidorf Siedlung 1925*. Berna. En DAL CO, F. (1972).

MEYER, H. (1926). *Die neue Welt (El Nuevo Mundo)*. Berna. Publicado originalmente en la revista *Das Werk* 13, no. 7 (1926).

MEYER, H. (1927). *Escrito a los estudiantes de la Bauhaus*. Dessau. En WINGLER (1975). Págs. 171, 172.

MEYER, H. (1928 a). *Discurso a los representantes de los estudiantes con motivo de su nombramiento como director*. Dessau. En DAL CO, F. (1972).

MEYER, H. (1928 b). *Bauen (Construir)*. Berlín - Dessau. En la revista *Bauhaus*, Vol. II, No. 4, 1928.

MEYER, H. (1930 a). *Mi expulsión de la Bauhaus. Carta abierta al alcalde Hesse, Dessau*. Berlín. Publicado en el periódico *Das Tagebuch*, núm. 33, 16, agosto, 1930. En DAL CO, F. (1972).

MEYER, H. (1930 b) *Entrevista en Sovremenaya Architektura, num 5*. Moscú. 1930. En DAL CO. (1972).

MEYER, H. (1931). *El Arquitecto en la lucha de clases*. Praga. Entrevista. En DAL CO, F. (1972).

MEYER, H. (1931). *Introducción al catálogo de la exposición itinerante: Bauhaus, Dessau, 1928.1930*. Moscú. En DAL CO, F. (1972).

MEYER, H. (1933). *Mi manera de trabajar. (Wie ich arbeite)*. Moscú. Publicado en *Arkhitektura SSSR*, núm. 6, 1933.

MEYER, H. (1934). *El Palacio de la Naciones en Ginebra*. Moscú. En DAL CO, F. (1972).

MEYER, H. (1935). *La Arquitectura de la vivienda capitalista en el período de post guerra, 1919-1934*. Moscú. En DAL CO, F. (1972).

MEYER, H. (1938 a). *La Formación del arquitecto*. México City. Conferencia en la Escuela Nacional de Arquitectura de la Academia de San Carlos el 29 septiembre 1938.

MEYER, H. (1938 b). *Experiencias de Urbanismo*. México City. Conferencia en la Escuela Nacional de Arquitectura de la Academia de San Carlos el 4 de octubre de 1938.

MEYER, H. (1940 a). *El Espacio Vital de la Familia.* En: México City. Instituto de Planificación y Urbanismo. Revista *Edificación*, núm. 32.

MEYER, H. (1940 b). *Bauhaus Dessau 1927-1930: experiencias en la enseñanza politécnica.* México City. En la revista *Edificación*, núm. 34, julio-septiembre 1940.

MEYER, H. (1942). *La realidad soviética: los arquitectos.* En: México City. Instituto de Planificación y Urbanismo. Revista *Edificación*, núm. 9. Publicado en inglés como "The Soviet Architect" en *TASK magazine.* Febrero 1943.

MEYER, H. (1943). *La ciudad de México, fragmentos de un estudio urbanístico.* En: México City. Instituto de Planificación y Urbanismo. Revista *Edificación*, núm. 12.

MEYER, H. (1949 a). *El Taller de Grafica Popular: Doce años de obra artística colectiva.* México City. Taller de Grafica Popular, La estampa mexicana, Editorial TGP.

MEYER, H. (1949 b). *Biografische Angaben (Información Biográfica).* México City. En ERNST, W.; SOHN, V. (1989).

MEYER, H. (1949 c). *Notas Autobiográficas.* México City. En SCHNAIDT, C. (1964).

MEYER, H. (s.f.). *Directrices para un contenido (reportaje).* Apuntes sin fecha en el archivo Meyer. En: DAL CO, F. (1972).

MIDANT, J. P. (2004). "Hannes Meyer". En: AA.VV. *Diccionario Akal de la Arquitectura del siglo XXI.* Tres Cantos, Madrid. Pág. 620.

MORDINOV, A. (1931). *La exposición del Bauhaus 1928-1930 en Moscú* (texto de introducción del catálogo). Moscú. En DAL CO, F. (1972).

PAPERNY, V. (2002). *Architecture in the Age of Stalin: Culture Two.* Cambridge. Cambridge University Press.

PRIGNITZ, H. (1981). *TGP: Ein Grafiker-Kollektiv in Méxiko von 1937-1977.* Berlin. Richard Seith & Co., Weise & Co.

RIVADENEYRA BARBERO, P. (2004). *Hannes Meyer: vida y obra.* México D.F. Universidad Nacional Autónoma de México, Facultad de Arquitectura.

SPAETH, D. (editor). (1986). *Inside the Bauhaus*. Oxford. Architectural Press Ltd.

SCHNAIDT, C. (1964). *Hannes Meyer, Marxist and modernist (1889-1954)*. En The Charnel House (blog) https://thecharnelhouse.org/2013/08/10/hannes-meyer/.

SCHNAIDT, C. (1965). *Hannes Meyer. Bauten, Projekte und Schriften: Buildings, projects and writings*. London. Teufen AR. Arthur Niggli.

SCOLARI, M. (1971). "Hannes Meyer y la Escuela de Arquitectura". En: Madrid. Alberto Corazón Editor. *Comunicación núm. 12.*

SERVICE, R. (2001). *Historia de Rusia en el Siglo XX*. Barcelona. Editorial Planeta. Primera edición en ingles 1997.

SIMON, E. D.; SIMON, L.; ROBSON, W. A.; JEWKES, J. (2015). *Moscow in the making*. London, New York, Toronto. Longmans, Green and Co.

TEÑEZ YIBERN. (1993). "La construcción del símbolo (sobre el proyecto de Hannes Meyer para la S.D.N.)" En: Barcelona. ETSAB. *3ZU Revista de Arquitectura*, núm. 1.

TOMITA, H.; ISHII, M. (2014). "The Influence of Hannes Meyer and the Bauhaus Brigade on 1930s Soviet Architecture". En: *Journal of Asian Architecture and Building Engineering*, Vol. 13, núm. 1. Págs. 49-56.

TOMKINS, D. (2013). *Composing the Party Line. Music and Politics in Early Cold War Poland and East Germany*. West Lafayette, Indiana. Purdue University Press.

VEGA, E. (2009). "La desintegración de la Bauhaus". En: *Infolio núm. 7, Paper Back 06*. http://paperback.infolio.es/articulos/vega/bauhaus.pdf.

WERMER, F. (2016). "Hannes Meyer New Towns in the USSR". En: MELLER, H.; PORFYRIOU, H. (editores). Cambridge. Cambridge Scholars Publishing. *New Towns in Europe in the Interwar Years*. Págs. 53-88.

WILHEIM, E. VERLAG, S. (1989). *Hannes Meyer 1889-1954. Architect urban lehrer*. Berlin. Architectur und techniche Wissenschaften, Bauhaus Archiv, Deustches Architekturmuseum.

WINGLER, H. (1975). *La Bauhaus. Weimar Dessau Berlin. 1919 1933*. Barcelona. Gustavo Gili. Original: *Das Bauhaus*. 1962.

WINKLER, K-J. (1989). *Der Architekt Hannes Meyer. Anschauungen und Werk*. Berlin. Verlag für Bauwesen.

WOLFE, R. (2015). *Bauhaus director Hannes Meyer's adventures in the Soviet Union, 1930-1936*. En: The Charnel House (blog): https://thecharnelhouse.org/2015/08/09/bauhaus-director-hannes-meyers-adventures-in-the-soviet-union-1930-1936/.

AGRADECIMIENTOS

A la profesora Aurora Fernández que dio el primer impulso.

Al arquitecto Juan García Millan por lo que él sabe y por sus comentarios.

Al arquitecto y director de la colección Textos de Arquitectura y Diseño Marcelo Camerlo por el interés y apoyo puesto en la edición de este libro.

A la profesora Aida González Llavona por su cuidadosa labor de revisión crítica y por su respaldo y aliento.

www.ingramcontent.com/pod-product-compliance
Lightning Source LLC
Chambersburg PA
CBHW021000160726
47994CB00006B/2316